breien voor **b**innen

snelle brei-ideeën voor een inspirerend interieur

breien voor **b**innen

snelle brei-ideeën voor een inspirerend interieur

erika **k**night

MET FOTO'S VAN JOHN HESELTINE

Becht · Haarlem

Oorspronkelijke titel: *Simple knits for easy living*
Oorspronkelijke uitgever: Collins & Brown Limited, Londen

Voor het Nederlandse taalgebied:

Postbus 160, 2060 AD Bloemendaal (e-mailadres: post@gottmer.nl)
Uitgeverij J.H. Gottmer / H.J.W. Becht BV is onderdeel van de Gottmer Uitgevers Groep BV
Vertaling: TOTA/Erica van Rijsewijk
Vormgeving binnenwerk: Debbie Mole
Vormgeving omslag en zetwerk: Jan Brands, Bureau voor Grafische Vormgeving, 's-Hertogenbosch
Printed in Craft Print International Limited, Singapore

ISBN 90 230 1069 8 / NUGI 441

inhoud

breien is eenvoudig

Neem twee gladde houten stokjes en een flink eind 'garen', en maak in vier eenvoudige stappen – **insteken, omslaan, doorhalen, af laten gaan** – een **steek**. Brei een aantal steken tot een **naald**. Brei een aantal naalden tot een **lap**. Dit boek wil breien **makkelijk** maken. Vergeet ingewikkelde breipatronen. Daar gaan we, **back to the basics**, in **eenvoudige taal**, zonder afkortingen, zonder moeilijk modelleren, zonder telpatronen of patroontekeningen, zonder regels over de diktes van garen versus naalden. **Gebreide** werkstukken gebaseerd op eenvoudige rechthoeken zijn makkelijk en snel te breien. **Leer** allereerst hoe je moet opzetten, twee eenvoudige steken moet breien, en afkanten. Meer hoef je niet te weten. Met **eenvoudige steken, eenvoudige vormen** en **eenvoudige garens** kun je schitterende voorwerpen maken voor dagelijks gebruik en voor elke kamer in je huis: woonkamer, slaapkamer, badkamer. **Gebruik** net als ik puur voor de lol **bamboe breinaalden**: licht, zacht glanzend en glad. Ze zijn mooi om te zien en voelen prettig aan, en je breiwerk glijdt er soepel overheen. **Experimenteer** met natuurlijke materialen, van touw tot en met kasjmier. **Probeer** alles: wol, katoen, linnen, sisal, mohair, chenille. **'Voel' de verschillende texturen**. Maak het vervolgens nog leuker door te experimenteren met niet-traditionele materialen: metaaldraad, nylon, 'huishoudtouw', voddenrepen, textielband en raffia. Al breiend maak je dingen van een basale schoonheid. **Breien is ontspannend en eerlijk handwerk**. Het is tegenwoordig zowel een blijk van liefdevolle aandacht als een ultieme luxe om iemand een zelfgemaakt, persoonlijk cadeau te geven. **Ga** gewoon aan de slag, lap alle regels aan je laars. **Geniet** ervan textuur toe te passen en zelf **eenvoudige, mooie** en **makkelijke** dingen te maken.

Veel plezier!

garens: **blank hout**

HOUTTINTEN: voor inspiratie voor de kleur van je breiwerk kun je terecht bij natuurlijke, harde materialen zoals hout, steen, lei, metaal en glas. Ze hebben allemaal hun eigen kleurnuances, die prima samengaan en contrasteren met zachtere materialen als katoen, linnen, wol, leer, suède en textiel, en aldus zorgen voor een interieur dat rijk is aan getextureerde oppervlakken. De tijdloze kleuren van deze veelzijdige natuurlijke materialen worden geaccentueerd door aarde- en plantaardige tinten, evenals door indigo- en witnuances. Op deze bladzijde en de volgende verken ik een paar van deze combinaties, aan de hand waarvan je garens kunt uitkiezen voor eenvoudige, fraaie breisels voor je interieur.

Blank hout is een goed startpunt voor ontwerpideeën. Van afgebladderde schors tot verweerde oppervlakken, gladgepolijst kurk en honingkleurige vloeren – hout heeft altijd een warme kleur en warme schakeringen. Bij hout, ruw of glad, passen heel goed de simpele texturen van grof geel sisaltouw, dun ivoorkleurig paktouw, grof bindtouw voor in de tuin, gladde klassieke ecru katoenen garens en knopen met een natuurlijke tekening.

1: Paktouw – paktouw – simpel, basic, functioneel en goedkoop – heeft vele kleurnuances en is rijk aan textuur.

2: Sisaltouw – sisal – grof en natuurlijk schurend – geeft eenvoudige werkstukken of details een authentieke toets.

3 & 4: Katoenen garens – katoenen garens, met een natuurlijke droogte en zachtheid, zijn verkrijgbaar in allerlei tinten en texturen. Fijne katoen komt prachtig tot zijn recht in eenvoudige texturen zoals gerstekorrel.

5: Binddraad voor de tuin – binddraad voor de tuin is net als sisaltouw ruw en robuust, maar voegt zich beter.

garens: **steen- & metaaltinten**

1: Alpaca – alpaca, warm en zacht, kent vele natuurlijke kleurschakeringen.
2: Tweedgarens – wanneer strengen met contrasterende kleuren in elkaar worden gedraaid, ontstaan er unieke gemengde garens.
3: Leerkoord – een glad leerkoord gaat goed samen met het thema steen en metaal.
4: Chenille – katoen met een fluweelstructuur.
5: Viltgaren – lichte en weelderige wol met veel volume.
6: Bouclé – een luchtig, lichtgewicht wollen garen met lussen of krulletjes.
7: Synthetisch garen – transparante, fabrieksmatig vervaardigde garens met parelmoerglans geven oppervlakken contrast.

STEEN- & METAALTINTEN: evenals blank hout zijn steen- en metaaltinten een rijke inspiratiebron voor kleur. Hier zien we enerzijds de kleurschakeringen van steen, kiezel en parelmoer, en anderzijds de natuurlijke tinten van metaal, leisteen en houtskool.

Mat, glad, geruwd of gepolijst, met neutrale tinten – ton sur ton – creëer je een klassiek elegant, modern interieur. Binnen dit thema zorgen zachte alpaca in subtiele natuurtinten, garens met een mengeling van schakeringen en textuur, luxueuze snel-klare viltwol en bouclé met een krullentextuur voor volumineuze, luchtige en lichte breisels. Bij wijze van contrast en als aanvulling geven glad leer, fluweelachtig chenille en transparant nylon met parelmoerglans een apart 'hard' accent aan een eenvoudige eigentijdse look. Denk eens aan een finishing touch van knoopjes van echt parelmoer, waarin de subtiele tinten en schakeringen van grijs weerkaatsen, wat ze een vanzelfsprekende keuze maakt zonder dat aan kwaliteit iets wordt afgedaan.

garens: **zacht suède**

ZACHTE SUÈDETINTEN: de thema's zacht suède en soepel leer tonen duidelijk aan hoe eenvoudige verschillen in textuur onze perceptie van kleur beïnvloeden. Textuur kan verzacht of verscherpt worden door de diepte van de schaduwen of de helderheid van de hoogsels. Suède inspireert tot zacht vervagende texturen die een woonkamer een elegant-robuust maar comfortabel 'zondags' gevoel geven – garens die al even verrukkelijk aanvoelen als ze eruitzien, en die warm en sensueel zijn. Soepele, chique merinowol en kostbare mengsels van angora, alpaca, kasjmier en mohair creëren donzige suèdeachtige oppervlakken in het verfijnde kleurenpalet van biscuit, blond, palomino en boter.

1: Merino – zacht, licht en weelderig wollen garen.
2: Bouclé – krulletjesgaren dat zich goed leent voor kussens en plaids.
3: Chenille – fluweelachtige katoen, luxueus in dikke en dunne kwaliteiten.
4: Angora – superfijn, zeer zacht garen afkomstig van het angorakonijn.
5: Kasjmier – dit garen is de natuurlijke klassieke luxe bij uitstek.

garens: **leer**

LEERTINTEN: het leerthema roept beelden op van een mengeling van soepele, glanzend gepolijste oppervlakken en luxueus zachte kasjmier, fluweelzachte dikke en dunne chenille, en gladde zijden stoffen. Warme bruintinten – van subtiel roze-taupe en melkchocolade via mokka en donkeraubergine tot donker teak en eiken – zorgen voor een comfortabele, beschaafde en eclectische sfeer. Eenvoudige werkstukken krijgen elegantie en klasse door nauwkeurig uitgewerkte en verfijnde details in het breisel, met als contrast gladde, harde finishing touches zoals knopen van donker hout.

1: Dik chenille – dit dikke, fluweelachtige garen past goed bij glad leer.

2: Dun chenille – geeft breisels minder textuur dan dikke chenille.

3: Zijden garens – zijde, de koningin onder de textielvezels, is warm en soepel. Kasjmier, dat even elegant is, maar zachter en met een subtielere glans, past ook uitstekend bij dit thema.

garens: **aarde**

AARDETINTEN: natuurlijke aardetinten inspireren tot een nieuwe kijk op neutrale kleuren. Geef oppervlakken in huis levende warmte en textuur met een ritmische mengeling van krachtige groentinten – algen, mossen – en 'aards' taupe en turf. Rustieke garens met tweedeffect en stoere tweedstof passen goed bij katoen, chenille, zijde en natuurlijk linnen, en bieden een breed kleurengamma en een sfeer van warmte en veiligheid. Deze look kan worden uitgebreid met 'grove' breisels in averechte tricotsteek en rijen rechte steken, met hoornen knopen als accent. Combinaties van aardetinten en -texturen zijn onverwacht modern in hun toepassing in het interieur.

1: Chenille – fluweelachtig chenille combineert goed met het thema 'organisch'.
2: Katoen – glad of rustiek, dik of dun.
3: Zijde – verfijnde, soepele, satijnachtige vezel.
4: Tweed – geeft meteen textuur door de gemengde kleuren.
5: Ribbeltextuur – in averechte steek gebreide ribbels zorgen voor textuur.
6: Linnen – een koel, droog, traditioneel en rustiek garen.

garens : **groente**

GROENTETINTEN: de klassieke, tijdloze neutrale tinten op de voorgaande bladzijden kunnen ook worden geaccentueerd door deze groentetinten. Groentekleuren, afgeleid van de basisingrediënten van ons dagelijks voedsel, bieden creatieve ondersteuning bij een interieurinrichting volgens de seizoenen. Verse, vlezige vijgen, tere roze scheuten aromatische basilicum, lichtgekleurde selderiestengels met hier en daar wat blad en mauve aspergetoppen tonen aan hoe vaak intense tinten in de natuur uitstekend kunnen samengaan. Fluweelachtig chenille, dik of dun, en gemengd garen van zachte merinowol en katoen bieden ons de groentetinten die ontwerpen verlevendigen.

1: Merino-katoenmengsel – katoen gecombineerd met wol levert een heerlijk soepel en elastisch garen op.

2: Dikke chenille – zacht, fluweelachtig chenille is in allerlei plantaardige tinten te koop.

3: Dunne chenille – dunnere kwaliteiten chenille geven een gladder breisel dan dikkere soorten.

garens: **indigo & denim**

INDIGO- EN DENIMTINTEN: indigo-, denim- en chambraytinten zijn moderne 'neutrale kleuren' voor elke kamer van het huis. Indigo is een natuurlijke verfstof die al duizenden jaren wordt gebruikt om katoenen stoffen te kleuren.

De populariteit ervan berust op de bijzondere eigenschap om geleidelijk aan te vervagen en op den duur mooier te worden. Indigo doet in zijn vele verschijningsvormen denken aan zonovergoten stranden en de kust – een sfeer die je in huis kunt brengen door kussens en plaids te maken van denim breigaren. Zulk garen bestaat voor 100 procent uit katoen, en het breisel wordt iets steviger en zwaarder dan bij andere katoenen garens. Denimgarens in indigotinten gecombineerd met natuurlijke basistinten als ecru en steentinten leveren informele, klassieke ontwerpen op.

Zowel fluweelachtig chenille als gladde en matte katoenen garens in koele blauwtinten en warmere nuances gebroken wit versterken het algehele indigothema.

1: Middenblauw denimgaren – de traditionele tint van ongewassen middelblauwe denim.
2: Stone-washed denimgaren – de tint van fraai verbleekt indigo.
3: Donkerblauw denimgaren – een diepe, donkere indigotint.
4: Off-white denimgaren – steen-, off-white- en ecrutinten contrasteren met het blauw.
5: Chenille – een zachte aanvulling op koele, gladde katoenen garens.
6: Katoenen garen – glanzende of matte katoengarens passen goed bij de denim-look.

garens : **wit**

1: Merino – dit zachte wollen garen is geschikt voor breisels met subtiele details.
2: Menggaren van merino en katoen – gemengd garen van merinowol en katoen is extra-zacht en toch koel.
3: Raffia – opzet- en afkantranden van raffia geven breisels een moderne textuur.
4: Koord – gebruikt voor accenten of afwerking.
5: Voddenrepen – stroken badstof, mousseline en netweefsel, stukken raffia, bouclé, chenille en koord zijn hier allemaal samengebreid.
6: Fijne katoen – in breisels van gladde katoenen garens komen stekenpatronen goed tot hun recht.

WIT: wittinten mogen in geen enkel interieur ontbreken. Onverbiddelijk, onontbeerlijk, fris, helder en kalmerend vormen ze de basis van het neutrale kleurenpalet. Wit is de kleur van absolute orde, maar biedt een veelheid aan texturen en tinten – berijpte texturen zoals glas en ijs, doorschijnend parelmoer, krijtachtige zachte chenille, fijne piquékatoen, fluisterzachte wol, melkwitte mousseline, ondoorzichtig nylon en papierachtig raffia. Met getextureerd wit zijn de fijnste of grofste breisels te maken.

benodigdheden

GEREEDSCHAPPEN & MATERIALEN: voor alle werkstukken in dit boek heb je maar weinig spullen nodig; ze zijn bovendien eenvoudig, goedkoop en alom verkrijgbaar. Met het onderstaande kun je zo aan de slag.

GAREN: allereerst heb je breigaren nodig. Maar je hoeft je niet te beperken tot wat gebruikelijk is! Er bestaan een heleboel materialen waarmee je heel goed kunt breien, ook al zijn ze daar niet speciaal voor bedoeld. Denk eens aan touw, lint, band, metaalgaren, vilt – in feite kun je overal mee breien, als het maar soepel genoeg is.

BREINAALDEN: deze zijn te koop in diverse maten, van fijn tot grof. Ik brei het liefst met bamboe naalden, waar prettig mee te werken is omdat ze licht en glad zijn, en het breisel eroverheen glijdt. Ze zien er ook fraai uit als ze werkeloos op je bank of tafelkleed liggen, of in een mooie knot gestoken.

MEETLINT OF LINIAAL: nodig om al breiend je breisel op te meten.

SCHAAR: om garen of losse draadjes aan je breisel af te knippen is een scherpe schaar onontbeerlijk.

GLAZEN KOPSPELDEN: spelden met glazen knopjes zijn goed te zien als je je breiwerk in elkaar naait – er mogen immers geen spelden in achterblijven.

STOPNAALD: gebruik dikke naalden met een groot oog en een stompe punt om je breiwerk met breigaren in elkaar te zetten.

KNOPEN: wanneer werkstukken supereenvoudig zijn, komt het aan op de details. Knopen kunnen goed worden toegepast als eenvoudige maar effectieve accenten, dus kies ze met zorg uit als je je breiwerk afwerkt.

KURK: een kurk is handig om aan de punt van je breinaalden te prikken, zodat de steken er niet af glijden. Ook steken de naalden dan niet door je tas, als je zoals ik vaak breiwerk meeneemt op reis.

TAS: ga tot slot op zoek naar een tas die geschikt is om je breiwerk schoon in op te bergen en mee te kunnen nemen.

technieken

basistechnieken: spanning

SPANNING: schiet niet in de stress van het woord 'spanning'. Het betekent alleen maar dat je door met een andere maat breinaalden te breien de afmetingen van je breisel kunt beïnvloeden. De vuistregel is: dunne naalden passen bij dunne garens en grove naalden bij dikke garens. Hier zie je het verschil in de maat van de steken als deze regel wordt toegepast (rechts). Wil je een bepaald garen optimaal tot zijn recht laten komen, dan is het de kunst net zo lang te experimenteren tot je de de naalddikte hebt gevonden die daar het best bij past. Je kunt op een avond een proeflapje breien van verschillende garens om na te gaan hoe makkelijk ze te verwerken zijn en hoe ze er, eenmaal gebreid, uitzien en

fijn garen: dunne naalden

middeldik garen: middenmaat naalden

dik garen: grove naalden

middeldik garen: dunne naalden

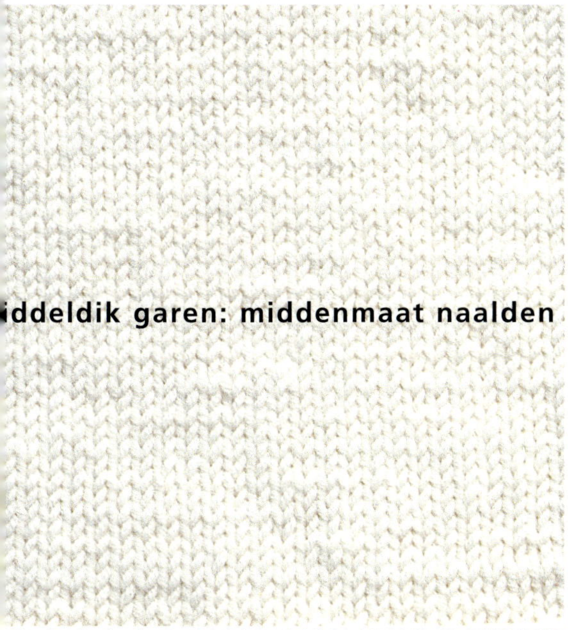

iddeldik garen: middenmaat naalden

middeldik garen: grove naalden

aanvoelen. Breisel van hetzelfde garen met verschillende naalddiktes ziet er heel anders uit – van zeer dicht tot heel los (links).

Als je weet hoe groot één steek is (zie p. 124), kun je een lap breien van elke gewenste lengte en breedte, maar bij de meeste eenvoudige werkstukken in de volgende hoofdstukken doet de precieze maat er niet toe – een paar steken meer of minder maken echt niet zoveel uit. Geniet van het breien zelf en van de textuur – en vergeet niet dat garens verschillende eigenschappen hebben, en dat je door dikkere of dunnere breinaalden te gebruiken precies het soort breisel kunt maken dat je wilt.

basistechnieken: opzetten

stap 1

Sla het garen in een lus over je linkerduim, met de bol aan de linkerkant en rechts een loshangend stuk.

OPZETTEN: voordat je kunt gaan breien, moet je eerst 'opzetten'. Dit betekent dat je met een stuk breigaren lussen of 'steken' vormt op een van de breinaalden. Simpel! Je kunt dit op verschillende manieren doen, maar een van de makkelijkste wordt hier getoond (zie p. 30 voor hoe je al breiend kunt opzetten aan het begin van een naald). Heb je nog nooit steken opgezet, neem dan de tijd om het te oefenen; dan gaat het na een poosje vanzelf. Aan het begin van breipatronen staat altijd vermeld hoeveel steken je moet opzetten voor het werkstuk in kwestie.

stap 4

Trek het garen op de naald door de lus op je duim om de eerste lus te vormen.

stap 2

Neem de naald in je rechterhand en steek hem linksonder in de lus, zoals op de foto.

stap 3

Breng het stuk garen dat naar de bol loopt achter het loshangende deel langs en sla het om de punt van de naald.

stap 5

Laat de lus van je duim glijden en trek het loshangende gedeelte van het garen aan om de steek strak te trekken.

stap 6

Sla voor elke volgende steek het loshangende gedeelte nogmaals over je duim, steek de naald erin en trek er een lus mee door.

basistechnieken: afkanten

stap 1

Brei voordat je gaat afkanten eerst twee steken, zodat er op de rechternaald twee lussen te zien zijn.

AFKANTEN: om je breisel zodanig af te werken dat het niet uitgetrokken kan worden, 'kant' je de steken 'af'. Dit houdt in dat je al breiend de lus van de ene steek over die van de volgende heen haalt. Als er in patronen alleen maar 'kant af' staat, betekent dat dat je elke steek gewoon recht breit en dan afkant. Maar soms er staat ook wel eens 'kant af in patroon'; dan brei je bij het afkanten elke steek op de manier zoals je hem in voorgaande naalden hebt gebreid, dus recht of averecht. Afkanten gebeurt ook bij knoopsgaten; je kant dan midden in het breisel een paar steken af (en zet dat aantal in de volgende naald weer op).

stap 4

Laat de eerste steek van de rechternaald glijden, zodat alleen de tweede steek blijft staan.

tap 2

Steek de punt van de inkernaald in de eerste teek op de rechter-aald, zoals op de foto.

stap 3

Haal de eerste steek op de rechternaald over de tweede steek op de rechternaald heen.

stap 5

Werk zo alle steken op de naald af; brei de eerstvolgende steek en haal de vorige eroverheen, tot er nog maar één steek over is.

stap 6

Beëindig het afkanten door het garen door te knippen, het uiteinde door de laatste lus te halen en die strak te trekken.

basistechnieken: recht breien

stap 1

Steek de punt van de rechternaald in de eerste steek op de linkernaald, zoals op de foto.

RECHTE STEEK BREIEN: nadat je het benodigde aantal steken hebt opgezet op de manier van p. 22-23, kun je de eerste naald gaan breien. De rechte steek bestaat uit vier eenvoudige stappen die hier worden getoond; je herhaalt ze totdat alle steken op de linkernaald zijn overgebracht op de rechter. Heb je eenmaal een naald gebreid, neem de naald met de gebreide steken dan over in je linkerhand en begin met de volgende naald rechte steken. Zo ontstaat breisel in zogenoemde ribbelsteek (zie close-up).

stap 2

Houd het garen in je rechterhand en vorm een lus door het om de punt van de rechternaald te slaan.

stap 3

Trek de nieuw gevormde lus op de rechternaald onderlangs door de eerste lus op de linkernaald heen.

stap 4

Laat de steek van de punt van de linkernaald glijden. Je hebt nu een steek op de rechternaald gebreid.

basistechnieken: averecht breien

stap 1

Steek de punt van de rechternaald in de eerste steek op de linkernaald, zoals op de foto.

AVERECHT BREIEN: de averechte steek wordt op een vergelijkbare manier gebreid als de rechte, maar hierbij houd je het garen aan de voorkant van het breiwerk in plaats van aan de achterkant. Recht en averecht breien is alles wat je moet weten! Combinaties van deze twee steken vormen de basis van alle breisels. Tricotsteek ontstaat door de ene naald recht en de volgende averecht te breien: de voorkant (recht) is glad, de achterkant (averecht) is geribbeld. Wanneer de averechte kant als voorkant wordt gebruikt, zeggen we dat er in 'omgekeerde tricotsteek' is gebreid. Andere gebreide texturen ontstaan door in dezelfde naald rechte en averechte steken te breien.

stap 2

Houd het garen in je rechterhand en vorm een lus door het om de punt van de rechternaald te slaan.

stap 3

Trek de nieuwe lus op de rechternaald onderlangs door de eerste lus op de linkernaald.

stap 4

Laat de steek van de punt van de linkernaald glijden, zodat er een nieuwe averecht gebreide steek op de rechternaald komt.

basistechnieken: meerderen

stap 1

Meerderen aan begin naald: steek de rechternaald in de eerste steek en trek er een lus door.

stap 2

Laat de steek niet van de linkernaald glijden. Steek de linkernaald in de nieuwe lus en laat hem van de rechternaald glijden.

MEERDEREN: door steken aan een naald toe te voegen of ze ervan af te nemen geef je je breisel vorm. Deze technieken noemen we 'meerderen' en 'minderen', en ze worden toegepast om de slofjes op p. 96 in vorm te breien. Heel eenvoudig is om aan het eind van een naald nieuwe 'lussen' op te zetten op dezelfde manier als toen je begon met breien (zie p. 22), maar ook kun je al breiend opzetten aan het begin van een naald, zoals op deze foto's. Een andere manier gaat zo: brei een steek door van voren in de lus te steken en brei hem voordat je hem van de linkernaald laat glijden nog een keer door achter in de lus te steken, zodat je van één steek twee steken maakt.

stap 3

Je hebt nu op de linkernaald een steek extra gekregen. Brei de naald zoals tevoren.

basistechnieken: minderen

stap 1

Steek de rechternaald in twee steken (via de voor- of achterkant van de lussen) en sla het garen om de naald.

stap 2

Haal, met de twee steken nog steeds op de linkernaald, het garen tegelijkertijd door beide lussen.

MINDEREN: één manier om het aantal steken op een naald te verkleinen is door steken 'af te kanten' op de manier zoals je ook een hele naald van je breisel afkant (zie p. 24). Maar zo ontstaat er wel een 'getrapte' rand aan je breiwerk, dus als je aan de zijkant maar één steek wilt minderen en een rechte rand wilt hebben, dan is het beter en makkelijker om twee steken recht (of averecht) samen te breien. Dit doe je door de rechternaald tegelijkertijd door twee steken op de linkernaald te steken (ofwel via de voor-, ofwel via de achterkant van de lussen) en ze allebei in één keer te breien.

stap 3

Laat de twee steken van de linkernaald glijden. Je hebt nu twee steken samengebreid tot één.

woonkamer

eenvoudige kussens: katoen of chenille

Dit kussen, gebreid van katoen of chenille in rechte steek, heeft een fraaie reliëfstructuur. Meerderen, modelleren en een lastige afwerking zijn niet nodig. Eenvoud is het belangrijkste kenmerk van dit ontwerp: het kussen bestaat uit een rechte lap breisel die is dubbelgevouwen en vervolgens aan elkaar is genaaid. Dankzij deze uitgesproken stijl komt het gebruikte garen optimaal tot zijn recht, dus als je ander garen neemt, heeft dat grote invloed op hoe het kussen eruitziet en aanvoelt. Chenille maakt het zachter en luxueuzer dan natuurlijk, koel katoen. Je kunt ook een

kussen breien van garens als alpaca of kasjmier, die heerlijk aanvoelen. Of gebruik een zacht soort touw voor een meer eigentijdse, frisse finish. Neutrale kleuren – crème, ecru, beige en off-white – benadrukken de textuur van het garen. Een paar kussens in ton-sur-ton vormen een schitterende combinatie. Het kussen meet 50x50 cm, maar aan de hand van het eenvoudige rekenoverzicht op p. 124 kun je kussens in elke maat breien.

eenvoudige kussens

Linksboven: als je het eenvoudige katoenen kussen boven op het chenille kussen legt, zie je hoeveel zachter en weelderiger de textuur van chenille is.

Rechtsboven: de 'envelop' aan de achterkant van het katoenen kussen.

Rechts: oefening in textuur: de twee kussens van verschillende garens, maar op dezelfde manier in eenvoudige rechte steek gebreid, contrasteren fraai met de losgeweven plaid.

BENODIGDHEDEN katoenen kussen: 10 bollen Rowangaren Handknit D.K. Cotton van 50 g, 2 breinaalden nr. 4, stopnaald en spelden, donzen binnenkussen van 50x50 cm.

WERKWIJZE KATOENEN KUSSEN (aan één stuk gebreid): zet met naalden nr. 4 100 steken op. Brei 28 cm in ribbelsteek (alle naalden recht). Knoop een stukje gekleurd garen aan het begin en einde van de volgende naald; later wordt dit de vouwlijn. Brei nog 50 cm verder in rechte steek. Knoop een gekleurd stukje garen aan het begin en einde van de volgende naald. Brei in rechte steek verder tot het breisel in totaal 106 cm lang is. Kant af.

AFWERKING: leg de gebreide lap plat neer (pers hem licht op met een stoomstrijkijzer). Vouw hem vervolgens bij de eerste gekleurde markeringen om en naai de twee lagen aan de zijkanten met breigaren en kleine rijg- of stiksteken aan elkaar. Vouw de lap nu om bij de tweede gekleurde markeringen en naai de naden als boven dicht; naai daarbij door alle overlappende lagen heen om een 'envelop' te vormen. Keer de goede kant naar buiten en stop een binnenkussen in de hoes.

BENODIGDHEDEN CHENILLE KUSSEN: 5 bollen Rowangaren Chunky Cotton Chenille van 50 g, 2 breinaalden nr. 5, stopnaald en spelden, donzen binnenkussen van 50x50 cm.

WERKWIJZE CHENILLE KUSSEN: zet met naalden nr. 5 75 steken op. Brei in rechte steek zoals bij het katoenen kussen staat beschreven.

kussen met naden: vierkanten met structuur

Dit kussen is het helemaal wat textuur betreft, en het is supersnel gebreid. Gewoon doen dus! Het garen, knus en comfortabel, is dik en volumineus, maar toch licht en luchtig. Het kussen wordt gebreid op grove naalden en bestaat uit afzonderlijke vierkantjes van ongeveer 19x19 cm, waardoor het het werkstuk bij uitstek is voor beginners, want je ziet het groeien! Als de blokken klaar zijn, schik je ze met afwisselend de 'gladde' en de 'ruwe' kanten naar boven tot een modern patchwork.

De blokken worden met naden aan de voorkant aan elkaar gezet, zodat dit trendy ‘vilten’ woonaccessoire moderne details krijgt. Een paar kussens in verlopende tinten grijs vormen een gezellig hoekje in een strak of rustiek ingerichte woonkamer. Wil je meer kleur, werk dan de naden om met een accentkleur. Of geef je kussen met een van de eenvoudige borduursteken van p. 42-43 een kleurig accent.

kussen met naden

BENODIGDHEDEN: 9 bollen Rowan-garen Chunky Soft van 50 g, 2 breinaalden nr. 7, stopnaald en spelden, donzen binnenkussen van 55x55 cm.

WERKWIJZE: VOORKANT: zet met naalden nr. 7 21 steken op. Brei in tricotsteek (afwisselend 1 naald recht en 1 naald averecht) tot het breisel 19 cm lang is. Kant af. Brei op dezelfde manier nog 8 vierkantjes in tricotsteek.
ACHTERKANT: zet met naalden nr. 7 61 steken op. Brei in ribbelsteek (alle naald recht) tot het breisel 6 cm lang is; zo ontstaat een stevige rand. Ga nu over op tricotsteek (afwisselend 1 naald recht, 1 naald averecht) en brei tot het breisel in totaal 33 cm lang is. Kant af. Brei op dezelfde manier nog een lap.

Linksboven: 'druk' de twee delen bij de naad gewoon tegen elkaar, en speld en naai ze vast.

Middenboven: schik de vierkantjes zo dat 'gladde' en 'ruwe' kanten elkaar afwisselen.

Rechtsboven: de achterkant bestaat uit twee overlappende delen.

Rechts: gebreide vierkantjes die met de naden aan de buitenkant aan elkaar zijn genaaid, zorgen voor veel textuur.

AFWERKING: leg de 9 vierkantjes voor de voorkant in een raster van 3x3. Het breisel heeft een 'gladde' en een 'ruwe' of getextureerde kant. Schik de vierkantjes zo dat die 'gladde' en 'ruwe' kanten verspringen. Misschien is het nodig de vierkantjes licht te persen met een stoomstrijkijzer, om omkrullen tegen te gaan. Steek breigaren in het oog van de naald en naai de vierkanten aan elkaar met kleine rijg- of stiksteken. Neem de twee delen voor de achterkant en pers ze voorzichtig plat. Leg de delen zo neer dat de geribbelde randen elkaar overlappen en het geheel 55x55 cm meet, en zodanig dat bij één deel de 'gladde' kant en bij het andere deel de 'ruwe' kant boven ligt. Speld de delen aan elkaar. Naai ten slotte de voor- en de achterkant rondom aan elkaar, met alle naden aan de buitenkant. Stop een binnenkussen in de hoes.

voorbeelden: **borduursteken**

DECORATIEVE BORDUURSTEKEN: je kunt je breisel heel eenvoudig versieren. Dat hoeft niet ingewikkeld, moeilijk of overdadig te zijn; er bestaan vele manieren om met eenvoudige technieken te versieren. De simpelste borduursteken zijn een rijke inspiratiebron.

LINKSBOVEN: gebruik hetzelfde type garen in een contrasterende kleur en rijg eenvoudig draden schuin door het breisel. Borduur een tweede rij steken naast de eerste; vorm 'schetsmatige' steken van wisselende grootte, voor een rustieke aanblik. **MIDDENBOVEN:** borduur voor een uitgesproken 'handgemaakte' of etnische look met een contrastkleur over de naad tussen twee gedeelten met een verschillende kleur of textuur. **RECHTSBOVEN:** borduur met garen in contrastkleur of een andere kleurnuance een groot kruis van regelmatige rijgsteken in het midden van grote vierkanten. **LINKSONDER:** naar buiten gewerkte naden ogen modern en functioneel. Je kunt dat effect versterken door ze om te werken met een contrastkleur of een andere kleurnuance. **MIDDENONDER:** borduur met stukjes verschillend gekleurd garen een paar lussen op het oppervlak. Knip de lussen door, knoop de uiteinden vast en knip ze bij. **RECHTSONDER:** simpele kruissteken staan prachtig bij de textuur van averechts breisel.

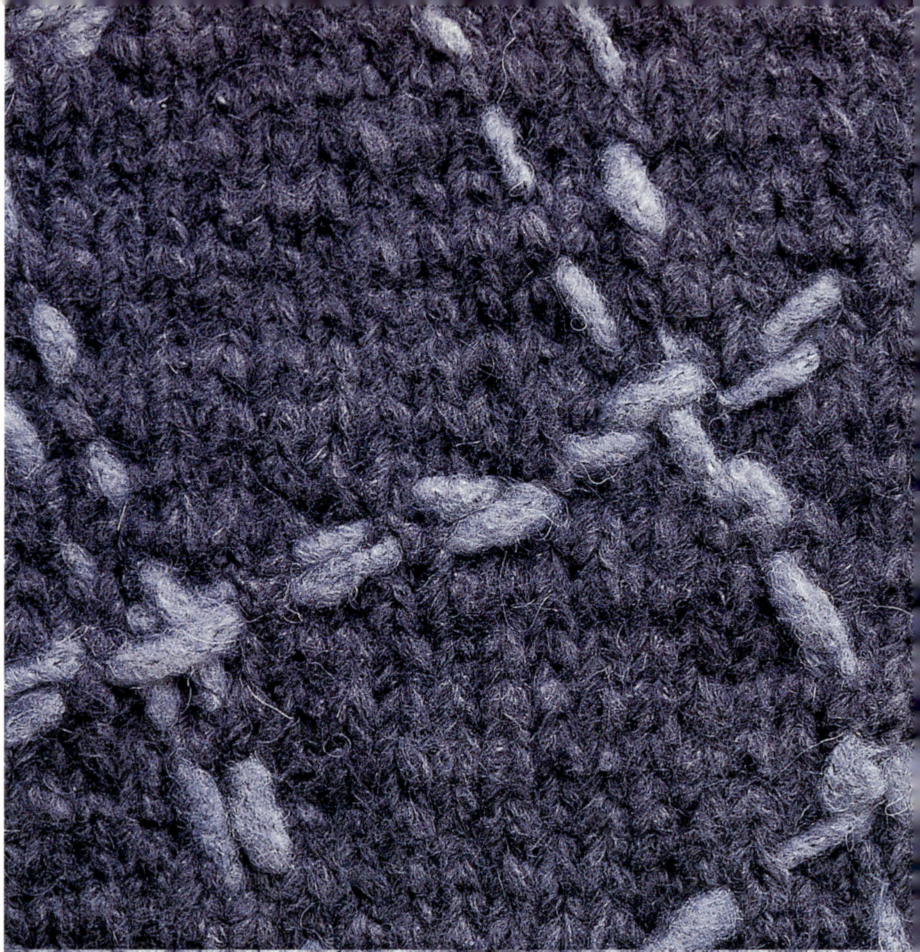

gestreept kussen: touw en chenille

Laat een streepje door je breisel lopen! Twee willekeurig geplaatste strepen van naturelkleurig touw maken de voorkant van een eenvoudig kussen heel apart, vooral wanneer je het in omgekeerde tricotsteek breit. Het touw geeft de strepen een reliëftextuur en contrasteert schitterend met de fluweelachtig aanvoelende katoenen chenille in ton-sur-ton. Strepen breien is heel eenvoudig: aan het begin van een naald brei je verder met een nieuwe bol of een flink stuk garen; de uiteinden kun je aan elkaar knopen of bij de afwerking aan de achterkant wegwerken. Speel met strepen in je

breiwerk. Als je wanneer je in tricotsteek breit overgaat op een andere kleur, worden de strepen scherp van elkaar gescheiden. Maar als je bij omgekeerde tricotsteek een andere kleur neemt, leveren de averechte steken aan de goede kant van het breisel een interessante onderbroken kleurlijn op. Je kunt met elke kleur hetzelfde aantal naalden breien, of het aantal naalden per kleur variëren voor een wisselende strepenbreedte. Een smalle baan van een contrastkleur of -textuur maakt al alle verschil.

gestreept kussen

Links: ingebreide strepen van touw als accent op fluweelachtige chenille.

Rechtsboven: brei voor een onderbroken lijn met een nieuwe kleur averechte steken aan de goede kant.

Rechtsonder: de opening aan de achterkant van het kussen is afgezet met een contrasterende rand.

BENODIGDHEDEN: 4 bollen lichtbruin Rowan-garen *Chunky Cotton Chenille* van 100 g en 1 bol donkerbruin Rowan-garen *Fine Cotton Chenille* van 50 g, 1 bolletje middeldik off-white touw, 2 breinaalden nr. 4, stopnaald en spelden, binnenkussen van 50x50 cm.

WERKWIJZE (*aan één stuk gebreid*): zet met naalden nr. 4 en 1 bol lichtbruine *Chunky Chenille* 80 steken op en brei 61,5 cm in tricotsteek. Brei dan met touw 2 naalden in omgekeerde tricotsteek. Ga verder met lichtbruine *Chunky Chenille* en brei 4 naalden in tricotsteek. Brei verder met touw en brei 3 naalden in omgekeerde tricotsteek. Ga over op 2 draden donkerbruine *Fine Chenille* en brei in tricotsteek tot het breiwerk vanaf de opzetrand 82 cm lang is. Ga door met lichtbruine *Chunky Chenille* (enkele draad) en brei verder in tricotsteek tot de gebreide lap vanaf de opzetrand in totaal 104 cm lang is. Brei verder met 2 draden donkerbruine *Fine Chenille* en brei nog 1 naald. Kant dan alle steken stevig af.

AFWERKING: meet op de gebreide lap twee vouwlijnen af en markeer ze: de ene op 32 cm vanaf de afkantrand (langs de donkerbruine lijn) en de andere 32 cm vanaf de opzetrand. Vouw de lap langs de gemarkeerde lijnen met de goede kanten tegen elkaar, zodat de donkerbruine afkantrand onder de lichtbruine opzetrand valt. Laat de delen elkaar zo'n 14 cm overlappen. Naai de zijkanten van de kussenhoes door alle lagen heen aan elkaar; gebruik breigaren en maak kleine rijg- of stiksteken. Keer de goede kant naar buiten en stop het binnenkussen in de hoes.

voorbeelden: **strepen**

DECORATIEVE STREPEN: strepen aanbrengen is een makkelijke manier om je breisels meer kleur of textuur te geven, restjes garen op te maken, of gewoon te verfraaien. Regelmatig of onregelmatig, ton-sur-ton of in contrastkleur, smal of breed, met of zonder textuur – strepen bieden onbegrensde mogelijkheden.

LINKSBOVEN: eenvoudige averechte steken in een nieuwe kleur aan de goede kant van breisel in tricotsteek leveren een op- en neergaande lijn met een verhoogd reliëf op. **MIDDENBOVEN:** strepen van enkele naalden omgekeerde tricotsteek met regelmatige tussenruimtes geven breisel een sprekend patroon. **RECHTSBOVEN:** geef een kussen van rustiek naturelkleurig touw een contrastaccent in de vorm van een vierkantje bontachtig breisel met een opgenaaide baan metaaldraad in het midden. **LINKSONDER:** brede, even brede strepen in verschillende stekenpatronen geven een kussen een fris en helder aanzien. **MIDDENONDER:** extra-brede strepen in ton-sur-ton katoenen chenille zijn heel eigentijds als je ze breit in tricotsteek en omgekeerde tricotsteek. **RECHTSONDER:** een eenvoudige felgekleurde streep in reliëf is de finishing touch voor grote blokken in contrastkleuren.

plaid met kralenfranje

Dit is een nieuwe eigentijdse klassieker, een moderne uitvoering van de traditionele chenille kleden die we nog kennen uit de opkamers van oma's en tantes. Dit kleed is te gebruiken als beddensprei en voor over de bank. Het bestaat uit vier lange gebreide panelen van vierkanten in afwisselend omgekeerde tricotsteek en tricotsteek. De hier afgebeelde plaid meet ongeveer 128x111 cm, maar je kunt hem zo groot of zo klein maken als je zelf wilt en stoppen met breien zodra je genoeg

panelen hebt. Simpeler kan het niet. Chenille, zowel in katoen als in viscose een luxueus materiaal, heeft enkele karakteristieke eigenschappen. De pool lijkt op die van fluweel, maar helaas zorgt die er ook voor dat het garen 'inkrult' en niet meerekt. Je kunt daarom het best de steken opzetten met een één maat dikkere breinaalden, zodat de rand mooi valt. Versier twee kanten van de plaid met een franje van draden chenille waar je hier en daar zilverkleurige glazen kralen aan rijgt. Een nieuw erfstuk!

plaid met kralenfranje

BENODIGDHEDEN: 10 bollen Rowan-garen Chunky Cotton Chenille van 100 g, 2 breinaalden nr. 4,5 en 5, stopnaald en spelden, haaknaald voor de franje, glazen en houten kralen.

WERKWIJZE: zet met naalden nr. 5 48 steken op. Ga als volgt verder met naalden nr. 4,5:
Naald 1: 12 steken averecht, breng garen tussen twee naalden naar achterkant werk, 12 recht, breng garen naar voorkant werk, 12 averecht, breng garen naar achterkant werk, 12 recht. **Naalden 2-16:** herhaal de voorgaande naald nog 15 keer. **Naald 17:** 12 recht, 12 averecht, 12 recht, 12 averecht. **Naalden 18-32:** herhaal de voorgaande naald nog 15 keer. Herhaal de 32 naalden tot je in totaal 16 rijen 'vierkantjes' hebt gebreid en het breiwerk vanaf de opzetrand ongeveer 111 cm lang is. Kant af met naalden nr. 5. Brei op dezelfde manier nog 3 panelen.

AFWERKING: naai de vier panelen aan elkaar tot een plaid en laat de vierkantjes verspringen. Knip voor de franje aan de opzet- en afkantrand stukken garen van 30 cm lang. Misschien vind je het makkelijker het garen om een liniaal van 30 cm te wikkelen en de lussen aan weerskanten door te knippen, zodat alle franjedraden even lang worden. Pak 2 draden en vouw ze dubbel. Trek ze bij de vouw met een haaknaald door de rand van het breiwerk. Haal de losse uiteinden door de gevouwen lussen en trek de draden aan. Breng afwisselend franje van een dubbele en van een enkele draad aan. Rijg hier en daar kralen aan de enkele draden en zet ze vast met een knoopje.

vloerkussen: gestreepte panelen

Brede banden met een poezelige textuur in subtiele combinaties van ivoor en zwart verbonden door grijstinten lenen zich uitstekend voor de eigentijdse bekleding van dit heerlijk zachte vloerkussen. Voor dit werkstuk is zowel alpaca-, bouclé- als chenillegaren gebruikt om de tinten te verzachten en nieuwe kleureffecten te bereiken. Door twee contrasterende garens samen te breien creëer je met standaardgarens unieke tinten en texturen. Het zacht verlopende strepenpatroon van dit kussen oogt heel apart, maar is supermakkelijk te maken. Voor de ongelijkmatige strepen worden

combinaties van de ‘ruwe’ omgekeerde tricotsteek en de ‘gladde’ gewone tricotsteek gebruikt. Markeer zodra je aan de eerste streep begint de goede kant van je breiwerk, zodat je steeds kunt bijhouden wat de voor- en wat de achterkant is. De voorkant van het kussen bestaat uit drie gestreepte delen die aan elkaar worden genaaid tot een vierkant; de achterkant is aan één stuk gebreid in een effen kleur. Dit is een ideaal woonaccessoire voor een moderne, comfortabele woonkamer.

vloerkussen: **gestreepte panelen**

BENODIGDHEDEN: 3 bollen crème Jaeger-garen Alpaca van 50 g, 1 bol lichtgrijs en 1 bol donkergrijs; 8 bollen ivoorkleurig Jaeger-garen Persia van 50 g, 2 bollen middelgrijs en 1 bol donkergrijs; 1 bol zwart Rowan-garen Fine Cotton Chenille van 50 g; 2 breinaalden nr. 5, stopnaald en spelden, binnenkussen van 72x72 cm.

KLEURSLEUTEL: elke baan kleur bestaat uit twee verschillende soorten garen die worden samengebreid tot de onderstaande nieuwe textuur- en kleurcombinaties:

- **A (off-white)** = 1 draad crème *Alpaca* en 1 draad ivoorwitte *Persia*
- **B (lichtgrijs)** = 1 draad lichtgrijze *Alpaca* en 1 draad middelgrijze *Persia*
- **C (houtskool)** = 1 draad donkergrijze *Persia* en 1 draad zwarte *Chenille* (iets dikker dan de voorgaande combinaties)
- **D (pastelgrijs)** = 1 draad lichtgrijze *Alpaca* en 1 draad ivoorwitte *Persia*
- **E (donkergrijs)** = 1 draad donkergrijze *Alpaca* en 1 draad donkergrijze *Persia*.

Links: als je bij het begin van een nieuwe kleur de naald aan de goede kant van het breiwerk averecht breit, ontstaat er een onderbroken kleurlijn en een ribbeltextuur. Maar begin je met nieuwe kleuren in tricotsteek, dan worden de strepen in een rechte, strakke lijn van elkaar gescheiden en blijft het oppervlak glad.

Rechts: het heerlijke grote kussen van zachte garentexturen en strepen in ton-sur-ton (zie p. 125 voor een overzicht van de gebruikte garens) meet als het klaar is zo'n 72x72 cm. Dit comfortabele vloerkussen, dat luxueus aanvoelt en oogt, is hét woonaccessoire voor een informele levensstijl.

WERKWIJZE: ACHTERKANT: zet met naalden nr. 5 101 steken op in A (zie kleurensleutel). Brei 72 cm in tricotsteek en kant af.
VOORKANT (bestaande uit 3 delen): de voorkant bestaat uit twee zijstukken en een middenpaneel. Zet voor elk zijstuk met naalden nr. 5 25 steken op met A. Brei 18 naalden A in tricotsteek, 18 naalden B en 1 naald A in omgekeerde tricotsteek, 33 naalden A in tricotsteek, 28 naalden B en 1 naald A in omgekeerde tricotsteek, 33 naalden A in tricotsteek, 18 naalden B en 1 naald A in omgekeerde tricotsteek, en 17 naalden A in tricotsteek. Kant af. Brei het tweede zijstuk op dezelfde manier. Zet voor het middenpaneel met naalden nr. 5 50 steken op met D. Brei 6 naalden D, 6 naalden C en 4 naalden D in tricotsteek, 18 naalden B en 1 naald D in omgekeerde tricotsteek, 3 naalden D en 10 naalden E in omgekeerde tricotsteek, (3 naalden D in tricotsteek, 1 naald C in omgekeerde tricotsteek) 3 x herhalen, 8 naalden D in tricotsteek, 28 naalden B en 1 naald D in omgekeerde tricotsteek, 7 naalden D in tricotsteek, (1 naald C in omgekeerde tricotsteek, 3 naalden D in tricotsteek) 3 x herhalen, 10 naalden E en 4 naalden D in tricotsteek, 18 naalden B en 1 naald D in omgekeerde tricotsteek, 3 naalden D, 6 naalden C en 6 naalden D in tricotsteek. Kant af met D.
AFWERKING: hecht alle losse draden af. Zet de voorkant in elkaar door de 3 panelen met de goede kanten tegen elkaar te spelden; leg daarbij de brede B-strepen gelijk. Naai de naden tussen de panelen met kleine stiksteekjes en 2 draden crèmekleurige *Alpaca*. Speld de voor- tegen de achterkant (goede kanten tegen elkaar); naai drie kanten dicht en laat de vierde open. Keer, stop het binnenkussen erin en naai de laatste kant dicht.

tafelloper: strepen en kralen

De tafelloper, vroeger bij oma alleen een strook stof die over het dressoir lag en die slechts op zijn plaats werd gehouden door een glazen fruitschaal, heeft vandaag de dag een heel ander aanzien gekregen. Het is een gewild accessoire in het moderne interieur geworden, dat zich uitstekend leent voor informele etentjes binnens- of buitenshuis. Op een baan met veel textuur en kleur komen je 'zondagse' servies, bestek en glaswerk uitstekend uit en krijgen ze net dat beetje extra. Dit is een eenvoudig werkstuk voor beginners, dat makkelijk en snel te maken is en op simpele wijze kan

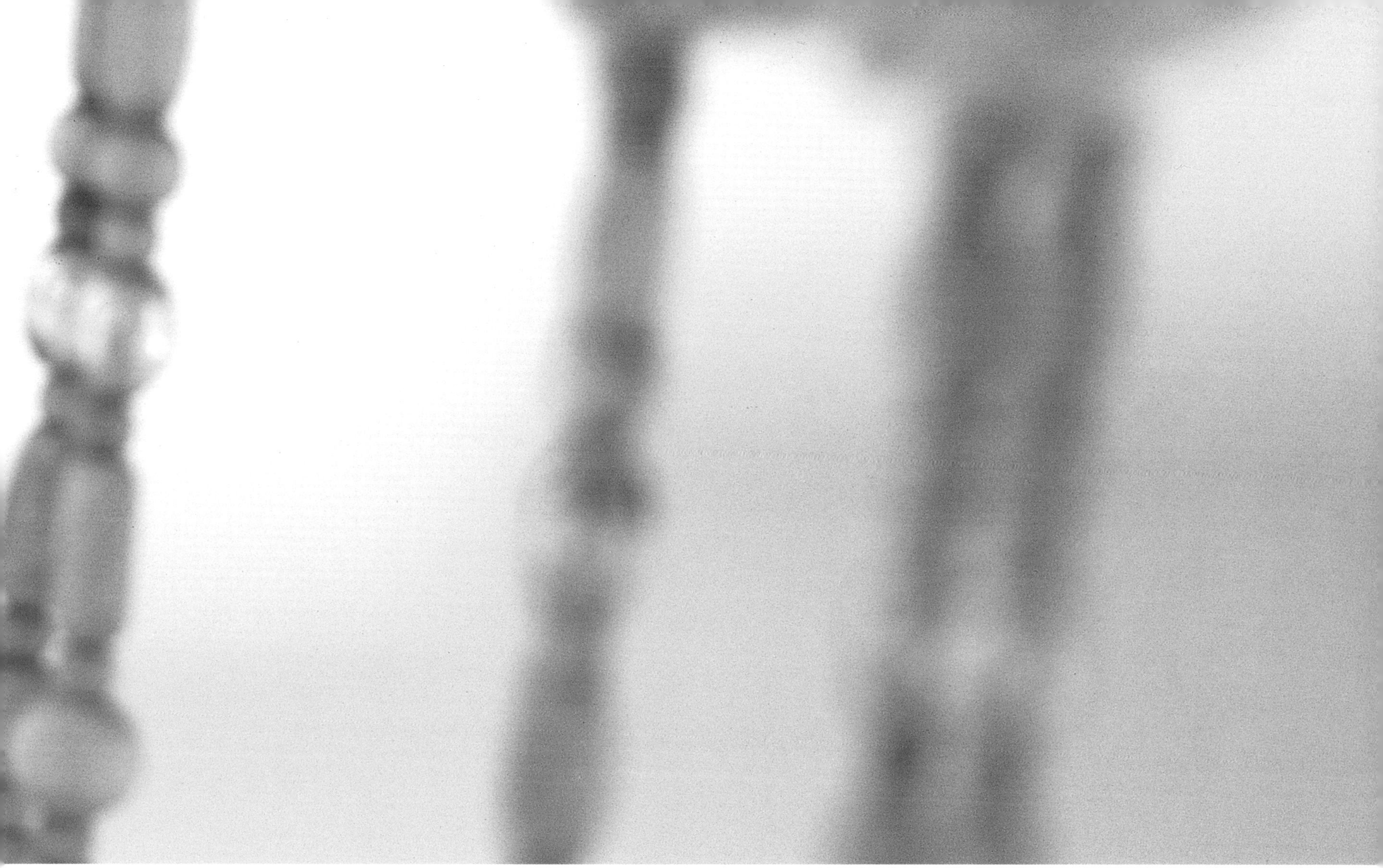

worden aangepast aan je eigen interieur. Brei deze loper in je favoriete tinten, van klassiek neutraal tot fris en fleurig, en geef zo je interieur in een handomdraai een nieuw accent en een trendy uitstraling. Hier is de loper gebreid van touw, maar je kunt ook katoen of linnen gebruiken. De zijkanten zijn afgezet met ton-sur-ton strepen die zijn geïnspireerd op theedoekpatronen. Raffia en zorgvuldig uitgezochte houten en glazen kralen maken de rustieke look compleet.

tafelloper

Links:
eenvoudig breisel past goed bij servies voor een informeel etentje.

Rechtsboven:
de dikte van garen en touw komen overeen als je een dubbele draad garen gebruikt.

Rechtsonder:
rijg de kralen aan dun touw.

BENODIGDHEDEN: 1 streng ecru raffia, 6 bollen middeldik touw om te breien, 3 bollen donker-olijfgroen Rowan-garen Cotton Glacé van 50 g en 1 bol licht-olijfgroen, 1 bol dun touw voor de kralen, 2 breinaalden nr. 6, stopnaald, kralen.

WERKWIJZE: zet met naalden nr. 6 en raffia 45 steken op.
Naald 1-6: begin met een naald recht, brei 6 naalden in tricotsteek met middeldik touw. **Naald 7:** brei met 3 draden licht-olijfgroene katoen een ribbelstreep in averechte steek. **Naald 8-12:** brei tricotsteek met lichtgroen. Naald 13: brei recht met touw. **Naald 14:** brei averecht met 3 draden donker-olijfgroen. **Naald 15:** brei een ribbel van donkergroen in averechte steek.
Naalden 16-19: brei tricotsteek met touw. **Naald 20:** brei met touw een ribbelrand in rechte steek. **Naald 21:** brei met touw een ribbelrand in averechte steek.

Naalden 22-26: brei tricotsteek met touw. **Naald 27:** brei een ribbelrand met touw in averechte steek.
Brei verder met touw in tricotsteek totdat het breiwerk vanaf de laatste ribbelrand 33 cm meet; eindig met een naald averecht. Brei de volgende naald averecht met donkergroen en ga verder in tricotsteek, totdat het olijfgroene deel vanaf de laatste ribbelrand 25 cm meet; eindig met een naald averecht. Brei de volgende naald met touw averecht voor een ribbelrand en ga verder in tricotsteek tot dit touwgedeelte vanaf de laatste ribbelrand 33 cm meet; eindig met een naald averecht. Brei dan vanaf naald 27 tot naald 1 in omgekeerde volgorde en kant af met raffia.

AFWERKING: rijg kralen aan stukken dun touw en bevestig ze aan de korte kanten van de loper. Naai kralen op de derde streep vanaf de opzet- en afkantrand.

kussens met kralen

Tegengestelden trekken elkaar aan, dus combineer zijde met linnen, hout met metaal – wat je maar wilt. Simpele decoratieve accenten maken de eenvoudigste kussens heel apart. Voor het 'gevouwen' kussen brei je gewoon een lange 'das' met je lievelingsgaren; die vouw je in de breedte dubbel, je naait de delen aan elkaar, bevestigt kralen aan de uiteinden, vult de hoes op met een zacht binnenkussen en laat het loze gedeelte loshangen. Het chenille kussen in omgekeerde tricotsteek wordt ook met kralen versierd, maar alleen in de hoeken; het heeft aan de achterkant een simpele

envelopopening. Met de kralen kun je je kussens een persoonlijke noot geven – je fantasie vormt de enige beperking. Kijk in tweedehandswinkels en op rommelmarkten uit naar gebroken halskettingen en oude kralenranden. Kies voor binnenshuis weelderige texturen in warme kleuren, en voor buiten natuurlijk vlas of gebleekt linnen voor een speciaal etentje in de buitenlucht. Vergeet niet dat je je kussen heel makkelijk een ander formaat kunt geven (zie p. 124).

kussens met kralen

BENODIGDHEDEN OVERSLAGKUSSEN: 250 g lichtgewicht linnen garen en een restje in contrastkleur, 2 breinaalden nr. 3,25, stopnaald en spelden, kralen, donzen binnenkussen van 40 x 30 cm.

WERKWIJZE OVERSLAGKUSSEN: zet met naalden nr. 3,25 en contrasterend garen 112 steken op. Brei 4 naalden recht voor een ribbelrand. Ga verder met het andere garen en brei 101,5 cm in tricotsteek. Brei 4 naalden met contrastgaren in rechte steek voor de rand. Kant af.

AFWERKING: pers het breiwerk licht. Vouw het dan in de breedte dubbel, goede kanten tegen elkaar. Naai de twee zijnaden met kleine stik- of rijgsteken dicht. Keer de goede kant naar buiten. Stop het binnenkussen in de 'zak' en sla het loze gedeelte om bij wijze van flap. Naai met gelijke tussenruimtes kralen langs de open rand. Rijg voor een franje kralen aan afzonderlijke stukken garen en knoop ze op hun plaats. Naai op regelmatige afstanden strengetjes kralen langs de ribbelrand.

BENODIGDHEDEN KUSSEN IN OMGEKEERDE TRICOTSTEEK: 3 bollen Rowan-garen Chunky Cotton Chenille van 100 g, 2 breinaalden nr. 4, 4,5 en 5, stopnaald en spelden, donzen binnenkussen van 40 x 30 cm.

WERKWIJZE KUSSEN IN OMGEKEERDE TRICOTSTEEK: zet met naalden nr. 5 62 steken op. Brei met naalden nr. 4,5 68 cm in omgekeerde tricotsteek; knoop als je breiwerk 21 en 51 cm lang is een stukje garen in contrastkleur aan de laatste en eerste steek om de vouwlijn aan te geven. Kant af met naalden nr. 4.

AFWERKING: pers het breiwerk licht. Vouw het breisel bij de markeringen met de averechte kanten tegen elkaar en de uiteinden in het midden iets overlappend. Naai de zijnaden met kleine stik- of rijgsteken dicht. Keer de goede kant naar buiten. Rijg kralen aan stukken garen; dat hoeft vanwege de dikte geen chenille te zijn. Bevestig de kralendecoratie in de twee bovenste hoeken. Stop het binnenkussen in de hoes.

Uiterst links: bij het overslagkussen worden strengetjes kralen langs de rand bevestigd.

Links: groepjes van drie kralenstrengen sieren de hoeken van het kussen in omgekeerde tricotsteek.

Deze pagina: het overslagkussen met kralen is gebreid van dun linnen garen; het kralenkussen in omgekeerde tricotsteek brei je van dikke katoenen chenille.

voorbeelden: **kralenversieringen**

DECORATIEVE KRALEN: of je kralen nu van hout, glas, metaal, steen, parelmoer of keramiek zijn; rond, ovaal of vierkant, met of zonder facetten; ondoorzichtig of transparant; mat of glanzend – je kunt je breisels er op talloze manieren mee versieren. Hier zie je enkele voorbeelden van opgenaaide – en niet ingebreide – kralenversieringen. Speel met contrasterende texturen en kleuren, gebruik de kralen in een strooipatroon of schik ze in regelmatige rijen.

LINKSBOVEN: op eenvoudige verticale ribbels in katoen komen kleine 'zaadjesachtige' houten kralen mooi tot hun recht. **MIDDENBOVEN:** strengen metalen staafjeskralen met kralen van natuurlijke kokos zijn afgewisseld met kleine kralen die aan lange touwtjes zijn geknoopt. **RECHTSBOVEN:** voor deze eenvoudige sluiting is een leren veter aan de binnenkant van een chenille kussen door een knoop geregen; de uiteinden zijn versierd met willekeurig geschikte houten en glazen kralen. **LINKSONDER:** ton-sur-ton kralen die in een geometrisch patroon of motief zijn gerangschikt vormen een interessante rand. **MIDDENONDER:** dit touwbreisel heeft een ruitpatroon gekregen van doorgeregen raffia en opgenaaide strengen houten kralen. **RECHTSONDER:** willekeurig verdeelde ribbelranden en eenvoudige rijen glazen kralen geven dit zijden breisel iets geraffineerds.

slaapkamer

deken van vierkanten: viltwol

Dit is de ultieme woondeken. Als je hem op je bed legt, ziet je slaapkamer er meteen uit alsof hij regelrecht uit een woontijdschrift komt. Je vindt hem vast heerlijk comfortabel, en bovendien is hij makkelijk te maken. Deze grote deken is gebreid van het lichtste, weelderigste en 'snelste' garen ooit, en hij voelt verrukkelijk zacht aan. Je breit gewoon blokken van vierkanten in tricotsteek en omgekeerde tricotsteek, en naait op het laatst de blokken aan elkaar. Het patroon van

verspringende texturen heeft wel iets van dat van de plaid met franje (p. 50-53), maar door het formaat van de vierkanten en de manier waarop dit garen aanvoelt krijgt deze deken een heel andere uitstraling. Voor de rand brei je vier lange stroken in tricotsteek, die je langs de zijkanten van de deken naait en in de hoeken laat aansluiten; hij krult vanzelf naar binnen. Hoewel dit een project is waaraan je met tussenpozen kunt werken, weet ik wel bijna zeker dat je de deken snel zult willen afmaken.

deken van vierkanten

BENODIGDHEDEN: 35 bollen Rowan-garen Chunky Soft, 2 breinaalden nr. 7,5, stopnaald en spelden.

WERKWIJZE: BLOKKENPANEEL: zet met naalden nr. 7,5 60 steken op. **1e twee vierkanten:** brei 30 steken recht, breng dan tussen twee steken in de draad naar de voorkant van het werk en brei 30 steken averecht. Ga hiermee door – brei 30 steken in tricotsteek en 30 steken in omgekeerde tricotsteek –, totdat je breiwerk vanaf de opzetrand 30,5 cm meet. **2e twee vierkanten:** vanwege het schaakbordpatroon moet je nu de eerste 30 steken averecht breien en de volgende 30 recht. Ga hiermee door tot je breiwerk in totaal vanaf de opzetrand 61 cm meet. Kant af. Brei in totaal 9 van deze blokken van 4 vierkanten.
RAND: zet met naalden nr. 7,5 5 steken op. Brei in tricotsteek en zorg voor mooi strakke zijkanten door telkens de eerste steek van de naald af te halen en de laatste recht te breien. Brei op deze manier 4 stroken van elk 180 cm lang.

AFWERKING: werk alle losse draadjes in het breisel weg, maar niet langs de rand. Leg alle blokkenpanelen plat neer en pers ze licht. Leg de 9 panelen in 3 rijen van 3. Let erop dat de vierkanten verspringen en speld de panelen tegen elkaar. Naai de panelen overhands aan de achterkant aan elkaar. Speld 1 randdeel zodanig langs een zijkant van de deken dat het aan één kant 4 cm uitsteekt. Speld het tweede randdeel langs de volgende kant, naai de ene kant aan het vorige randdeel en laat de andere kant weer 4 cm uitsteken. Naai het derde en vierde randdeel op dezelfde manier vast.

Linksboven: de rand bestaat uit lange stroken in tricotsteek, die bij de hoeken op elkaar aansluiten. De rand krult vanzelf om.

Rechtsboven: het patroon van eenvoudige vierkanten in tricotsteek en omgekeerde tricotsteek.
Rechterpagina: zacht textuurgaren staat in combinatie met friswitte lakens heel modern: eenvoudig en comfortabel. Als de deken klaar is, meet hij 183x183 cm.

zachte trui: om in te wonen

Dit is nou wat je noemt een trui om in te wonen. Hij is er altijd voor je; je schiet hem zo aan als het in het weekend 's ochtends fris is, als je thuiskomt van je werk, of als je op reis gaat. Een tijdloze klassieker! De trui is zo ruim dat hij iedereen past en bestaat uit vijf makkelijk te breien rechthoeken in tricotsteek: een voor- en achterpand, twee mouwen en een col. Dankzij het dikke, zachte viltgaren heb je hem in een mum van tijd af. Door zijsplitten en een col die je kunt opslaan krijgt dit

supersimpele patroon stijl, en de naar buiten gewerkte naden maken het uniek. Eén tip: gebruik voor het in elkaar zetten een bijpassende kleur andersoortig wollen garen, want viltgaren is te volumineus en kwetsbaar om ermee te naaien. Gebreid in grijs wordt de trui een echte 'buitentrui'; gebreid in zwart is hij het klassieke kledingstuk bij uitstek. Maar welke kleur je ook kiest, je zult deze trui jaren dragen!

zachte trui: **om in te wonen**

BENODIGDHEDEN: 17 bollen Rowan-garen Chunky Soft van 50 g, 2 breinaalden nr. 7,5, stopnaald en spelden.

WERKWIJZE: ACHTERPAND: zet met naalden nr. 7,5 62 steken op. Begin voor de boord aan de goede kant als volgt te breien:
Boordnaald 1: (2 averecht, 1 recht) tot er 2 steken over zijn, 2 averecht.
Boordnaald 2: (2 recht, 1 averecht), tot er 2 steken over zijn, 2 recht.
Brei de boord van de splitten door over de hele splitlengte de eerste 5 en de laatste 5 steken van elke naald in boordsteek te breien (zoals bij de eerste 2 boordnaalden); brei de steken ertussenin in tricotsteek, tot je breiwerk vanaf de opzetrand 18 cm meet. Brei daarna alle 62 steken in tricotsteek, tot het achterpand vanaf de opzetrand 42 cm meet. Knoop een gekleurd draadje aan weerskanten van de laatste naald ter markering van de armsopeningen. Brei verder in tricotsteek tot het achterpand 68,5 cm meet. Kant af.
VOORPAND: brei dit als het achterpand.
MOUWEN (2 dezelfde): zet met naalden 7,5 53 steken op. Brei 2 naalden in boordsteek, als bij het achterpand. Begin met een rechte naald en brei in tricotsteek tot de mouw vanaf de opzetrand 46 cm meet. Kant af.
COL: zet met naalden nr. 7,5 61 steken op. Brei 21 cm in tricotsteek. Kant af.

AFWERKING: leg elk deel plat neer en pers het licht. Speld het voor- en achterpand met de goede kanten tegen elkaar bij de schouders vast. Laat in het midden een stuk open voor de hals en naai aan weerskanten 15 cm dicht met garen en heel kleine rijgsteekjes; de naden komen aan de goede kant van de trui. Naai met heel kleine rijgsteekjes beide mouwen op hun plaats tussen de markeringen – weer met de naden aan de goede kant van de trui. Vouw de trui dubbel bij de schouders met de goede kanten tegen elkaar, en naai de mouw- en zijnaden dicht, de laatste tot boven de splitten. Speld het deel voor de col langs de halsopening en vorm een ring. Speld de gladde kant van de col langs de binnenkant van de halsopening en naai de col vast met rijgsteken; de naad moet aan de goede kant zichtbaar zijn. Sla de col om en rol de mouwen op.

Uiterst links: splitten die zijn afgewerkt in boordsteek zijn nét de details die deze trui stijl geven.

Links: de meeste naden moeten aan de goede kant te zien zijn, behalve de zijnaden en onderste mouwnaden.

Deze pagina: een praktische, maar ook modieuze oversized woontrui – je nieuwe favoriet?

plaid met kleurblokken: grijs op grijs

Eenvoudig grafisch, modern en minimalistisch, chic en toch informeel – deze plaid is een must voor je interieur. Met zijn verfijnde elegantie geeft hij knusse hoekjes een eigentijds klassieke sfeer. Deze plaid bestaat uit vier afzonderlijke blokken van één kleur die aan elkaar zijn genaaid; voor drie van de grote vierkanten is extra-fijne merinowol gebruikt, en voor het vierde een contrasterend bouclégaren. Merinowol is garen van topkwaliteit; het is heerlijk zacht en werkt dus prettig. En

omdat het een glad oppervlak met een subtiele glans heeft, komen stekenpatronen schitterend uit. Elegant dus! Elk vierkant is omrand door ribbelsteken, dus je hoeft de plaid later niet rondom af te werken. Experimenteer voor dit eenvoudige patroon eens met bijzondere garens. Een gouden idee: verwen jezelf met een plaid van supergarens als alpaca, kasjmier of angora.

plaid met kleurblokken

BENODIGDHEDEN: 8 bollen Jaeger-garen Extra Fine Merino van 50 g zowel van off-white, lichtgrijs als houtskool, en 5 bollen middelgrijs Jaeger-garen Persia van 50 g, 2 breinaalden nr. 4,5, stopnaald en spelden.

werkwijze: MERINOVIERKANTEN: zet met naalden nr. 4 en off-white Merino 176 steken op en brei 6 cm in ribbelsteek (elke naald recht). Ga dan aan de goede kant als volgt verder:
Volgende naald (goede kant): brei de hele naald recht. Volgende naald: brei 13 steken recht, averecht tot de laatste 13 steken, 13 steken recht.
Herhaal telkens de voorgaande 2 naalden (zodat 13 steken aan het begin en eind van het breiwerk in ribbelsteek worden gebreid en de tussenliggende 150 steken in tricotsteek), totdat je breiwerk vanaf de opzetrand 74 cm meet. Brei 6 cm in ribbelsteek. Kant af.

Linksboven: drie van extra-fijne merinowol gebreide vierkanten vormen een fraai contrast met het vierde vierkant van poezelige bouclé. De aan elkaar genaaide vierkanten vormen een plaid van 160x160 cm.

Rechtsboven: elk vierkant wordt omlijst door een aangebreide rand in ribbelsteek.

Rechterpagina: ontspannen elegantie – een eenvoudige plaid als beddensprei of woondeken doet het goed een eigentijds interieur.

Brei op dezelfde manier nog 2 vierkanten, maar nu een in lichtgrijs en een in houtskoolkleur.

BOUCLÉVIERKANT: zet met naalden nr. 4,5 en middelgrijze Persia 128 steken op en brei 6 cm in ribbelsteek. Brei daarna aan de goede kant als volgt verder:
Volgende naald (goede kant): brei de hele naald recht. Volgende naald: brei 9 steken recht, averecht tot de laatste 9 steken, 9 steken recht.
Herhaal telkens de voorgaande 2 naalden (zodat 9 steken aan het begin en einde van het breiwerk in ribbelsteek worden gebreid en de tussenliggende 110 in tricotsteek), totdat je breiwerk vanaf de opzetrand 74 cm meet. Brei 6 cm in ribbelsteek. Kant af.

AFWERKING: leg de delen plat neer en pers ze licht in vorm. Speld de 4 vierkanten tegen elkaar en let erop dat alle randen mooi aansluiten. Naai de naden met kleine rijgsteekjes dicht.

knopenkussens: stekentexturen

Maak een keuze uit de vele mogelijke stekentexturen en brei dit kussen naar wens in gladde tricotsteek of een bobbelige gerstekorrel, in boordsteek of in schaakbordpatroon. En wat let je om eens andere eenvoudige stekenpatronen te proberen, zoals ribbels, andere ribbelsteekvariaties, of zelfs omgekeerde tricotsteek? Gebruik in elk geval altijd wel een goede kwaliteit garen – want hoe beter het garen, hoe fraaier het eindresultaat. In de beschrijving is merinowol gebruikt, maar je kunt ook heel goed alpaca of kasjmier kiezen. Voor een informeel of rustiek interieur kun je bijvoorbeeld

tweedachtig linnen of touw gebruiken. Een paar kussens bij elkaar in verschillende steken, maar gebreid met hetzelfde garen en in dezelfde kleur, staan schitterend op een bed – of gebruik verschillende garentexturen voor op een bank. Mooie en simpele parelmoeren knopen, ivoorwit of donkergrijs, zijn de finishing touch. Of zoek in tweedehandswinkels en op vlooienmarkten naar mooie 'enkele' knopen. De details komen erop aan. Kijk op p. 86 en 87 voor meer ideeën om garen en knopen te combineren.

voorbeelden: **knopen**

BENODIGDHEDEN: 6 bollen Jaeger-garen Extra Fine Merino van 50 g per kussen, 2 breinaalden nr. 3,75 en 4, stopnaald en spelden, 5 knopen van 20 mm doorsnee, donzen binnenkussen van 40x40 cm.

GEBRUIKTE STEKENPATRONEN: TRICOTSTEEK: brei afwisselend 1 naald recht en 1 naald averecht.
GERSTEKORREL: **Naald 1**: (1 recht, 1 averecht) tot einde naald. Naald 2: (1 averecht, 1 recht) tot einde naald. Brei deze twee naalden om het patroon te vormen.
BOORDSTEEK: **Naald 1**: 2 recht, (2 averecht, 3 recht) tot er 3 steken over zijn, 2 averecht, 1 recht. Naald 2: 1 averecht, (2 recht, 3 averecht) tot er 4 steken over zijn, 2 recht, 2 averecht. Herhaal deze twee naalden om het patroon te vormen.
SCHAAKBORD: **Naald 1:** (5 recht, 5 averecht) tot einde naald. **Naalden 2, 3 en 4:** Brei als naald 1. **Naald 5**: (5 averecht, 5 recht) tot einde naald. **Naalden 6, 7 en 8:** Brei als naald 5. Herhaal deze 8 naalden om het patroon te vormen.

WERKWIJZE: ACHTERKANT: zet met naalden nr. 4 90 steken op en brei 40 cm in een stekenpatroon naar keuze (zie boven). Eindig met een naald aan de verkeerde kant. Houd de goede kant van het breiwerk naar je toe en begin met een rechte naald; brei voor de knopenrand 10 naalden in tricotsteek en eindig met een naald averecht. Houd de goede ('gladde') kant van het breiwerk naar je toe en brei met naalden nr. 3,75 een naald averecht, zodat er een 'vouwlijn' ontstaat. Brei daarna verder met naalden nr. 4, begin met een naald averecht, brei nog 10 naalden in tricotsteek en kant af.

VOORKANT: brei de eerste 40 cm als de achterkant en eindig met een naald aan de verkeerde kant. Houd de goede kant van het breiwerk naar je toe en brei voor de knopenrand 4 naalden in tricotsteek, eindigend met een naald averecht. Brei vervolgens als volgt de knoopsgaten:
Knoopsgatennaald 1 (goede kant): brei 8 steken recht, kant de volgende 3 steken af, (brei recht verder tot er op de rechternaald na de laatste keer afkanten 15 steken staan, kant de volgende 3 steken af) 4x herhalen, brei de laatste 7 steken recht.
Knoopsgatennaald 2: brei de naald averecht en zet op de plekken waar je in de vorige naald 3 steken hebt afgekant telkens weer 3 steken op.
Brei nog 4 naalden in tricotsteek en eindig met een naald averecht. Brei met naalden nr. 3,75 een naald averecht. Ga verder met naalden nr. 4: begin met een naald averecht en brei 4 naalden in tricotsteek. Brei nogmaals een rij knoopsgaten, recht boven de vorige. Brei 4 naalden in tricotsteek. Kant af.
AFWERKING: leg het breisel plat neer en pers het licht in vorm. Speld de voor- en achterkant met de goede kanten tegen elkaar en naai drie zijden met kleine rijgsteekjes dicht; laat de kant met de knoopsgaten open. Vouw de knoopsgatenranden om langs de averechte ribbel, zet ze aan de binnenkant vast en naai de knopen op de corresponderende plekken. Stop het binnenkussen in de hoes.

Linksboven: brei een dubbele rij knoopsgaten en vouw bij het in elkaar zetten de randen om naar binnen.

Linksmidden: werk de knoopsgaten door twee lagen breisel heen af met festonsteken; zet de knopen aan op de binnenkant van de rand.

Linksonder: knopenkussen in boordsteek met een chenille kussen in omgekeerde tricotsteek dat is versierd met een contrasterende baan.

Rechterpagina: eenheid in verscheidenheid. Gebruik voor contrasterende texturen telkens ander garen.

voorbeelden: **knopen**

DECORATIEVE KNOPEN: knopen zijn niet alleen maar functionele sluitingen, maar kunnen ook dienen als decoratie. Ze geven je werkstukken stijl en karakter, en kunnen je gebreide kleding of interieuraccessoires maken of breken. Neem de tijd om alle soorten knopen die je ter beschikking staan goed te bekijken: knopen van hoorn, been, hout, schelpen, noten, glas, keramiek of kunststof. Houd als vuistregel aan dat knopen met gaatjes mooier op elastisch breisel komen te liggen dan exemplaren met een uitstekend steeltje. **Linksboven:** hoornen knopen op getextureerd bouclé. **Middenboven:** knopen van metaal of in metal-look vormen een fraai contrast met tweed. **Rechtsboven:** knopen van kokosnootbast zijn in vele culturen gebruikt, maar komen tegenwoordig voornamelijk uit Azië. Hier zijn ze op touwbreisel genaaid. De achterkant van de knopen heeft een fraaie kleurtekening. **Linksonder:** in parelmoeren knopen op zijdebreisel wordt het licht in vele kleuren weerkaatst. **Middenonder:** grote platte parelmoeren knopen op merinowol. Crème en rookgrijs passen bij alle kleuren. **Rechtsonder:** schelpenknopen als de finishing touch op een linnentextuur.

kinderdeken: ribbelstrepen

Een heerlijk dekentje voor in de wandelwagen of wieg, waarin je je kind lekker warmpjes kunt inpakken voor zijn middagdutje. Het dekentje is gebreid in een effen tint met smalle ribbelstrepen aan de uiteinden en een symfonie van blauwe en ecru textuurstrepen in ton-sur-ton in het midden. Voor deze supersimpele gekleurde strepen hoef je niets anders te doen dan elke naald met een nieuwe kleur te beginnen; welk garen je kiest, is aan jou. De ribbels ontstaan door tussen de 'gladde'

tricotsteek door een of twee naalden in 'ruwe' omgekeerde tricotsteek te breien. Hoewel er in de willekeurig geplaatste strepen wel lijn zit, zijn ze niet symmetrisch – dus het kan niet misgaan! De deken wordt voor de stevigheid afgewerkt met een afzonderlijk gebreide ribbelrand, die je eraan vastnaait. Probeer eens een ander kleurenschema en vervang de gladde katoen die hier is gebruikt door andere, meer poezelige garenstructuren.

kinderdeken: **ribbelstrepen**

BENODIGDHEDEN: 10 bollen Rowan-garen *Handknit D.K. Cotton* van 50 g in ecru en 1 bol van zowel donkerblauw, ijsblauw en beige, plus 1 bol lavendelblauw Rowan-garen *Chunky Cotton Chenille* van 100 g, 2 breinaalden nr. 3,25 en 3,75, stopnaald en spelden.

werkwijze: EFFEN BAAN: zet met naalden nr. 3,75 en ecru Handknit D.K. Cotton 130 steken op. Brei met het ecru katoen de eerste 48 naalden van de rand als volgt:
Begin met een naald recht (goede kant), brei 6 naalden in tricotsteek (dus telkens 1 naald recht, 1 naald averecht), markeer de goede kant met een gekleurde draad en brei vervolgens 2 naalden in ribbelsteek (beide naalden recht), 2 naalden in tricotsteek, 2 naalden in ribbelsteek, 6 naalden in tricotsteek, 4 naalden in ribbelsteek, 8 naalden in tricotsteek, 2 naalden in ribbelsteek, 4 naalden in tricotsteek, 4 naalden in ribbelsteek, en 8 naalden in tricotsteek.

Linksboven: de onder- en bovenkant van de deken hebben getextureerde randen gekregen in een effen kleur. Averechte naalden zorgen voor een ribbelreliëf.

Midden links: gebruik als je de eenvoudige strepen in het midden van de deken breit telkens naar eigen inzicht een ander garen. Daar wordt het ontwerp levendig van.

Linksonder: werk de zijkanten van de deken netjes af met een ribbelrand. Naai de stroken voor de rand bij alle vier de hoeken tegen elkaar.

Rechterpagina: de effen uiteinden en de smalle rand verzachten het effect van de levendige strepen. Als deze kinderdeken klaar is, meet hij zo'n 72x90 cm.

Ga nu verder met het gedeelte met de textuurstrepen, waarbij je 5 verschillende garens voor de strepen gebruikt: ecru, donkerblauw, ijsblauw en beige *Handknit D.K. Cotton* en lavendelblauwe *Chunky Cotton Chenille*. Brei de strepen in een willekeurig patroon, neem bij elke naald ander garen en brei telkens een paar naalden in tricotsteek, afgewisseld met 1 of 2 naalden in omgekeerde tricotsteek (brei de naalden aan de goede kant averecht en die aan de verkeerde kant recht). Brei in totaal op deze manier 148 naalden in streeppatroon.
Brei de 48 naalden van de effen baan als volgt met ecru *Handknit D.K. Cotton:*
Begin aan de goede kant met 1 naald recht, brei 8 naalden in tricotsteek, 4 naalden in ribbelsteek, 4 naalden in tricotsteek, 2 naalden in ribbelsteek, 2 naalden in tricotsteek, 2 naalden in ribbelsteek, 8 naalden in tricotsteek, 2 naalden in ribbelsteek, 4 naalden in tricotsteek, 4 naalden in ribbelsteek, en 8 naalden in tricotsteek. Kant af.
AFWERKING: werk alle losse draadjes in het breisel af. Leg het plat neer en pers het licht. Brei vervolgens de rand van de deken als volgt: RAND: zet met naalden nr. 3,25 en ecru Handknit D.K. Cotton 9 steken op. Brei alle naalden recht tot het breiwerk zo'n 83 cm meet; de strook moet mooi langs een lange kant van de deken passen. Kant af. Brei op dezelfde manier een even lange tweede strook. Speld de stroken gelijkmatig langs de lange kanten van de deken en naai ze erop vast. Brei op dezelfde manier nog 2 stroken, elk van zo'n 72 cm lang – lang genoeg voor de korte kanten van de deken, plus de randen die je al hebt vastgenaaid. Speld deze stroken onder en boven aan de deken en naai ze vast. Naai de uiteinden van de stroken tegen elkaar.

kinderkussen: borduurwerk

Kinderlijke motieven zoals bloemen, poezen, huisjes en sterren komen tot leven op deze kussens van denimgaren. Laat je inspireren door de tekeningen van je kinderen, je nichtjes, neefjes of kleinkinderen, en borduur deze simpele, onschuldige motieven. Of ga op deze plezierige en praktische manier terug naar je eigen jeugdherinneringen. Het gebruikte denimgaren doet speels aan en kan tegen een stootje; bovendien wordt het in het gebruik en dragen steeds mooier. Het leent zich uitstekend voor gebreide werkstukken voor kinderen en kinderkamers. Accentueer een

kussen van denimgaren met ecru borduurwerk of een kussen van ecru denimgaren met indigo. Houd de motieven simpel en fris, en borduur ze in eenvoudige stiksteken. Lijntekeningen zijn nog makkelijker op breisel weer te geven door de lijnen met kleine rijgsteken te borduren en de ruimte hiertussen op de terugweg op te vullen met een tweede rij rijgsteken. Misschien wil je kind wel eens proberen te borduren! Zo leert het spelenderwijs hoe leuk handwerken kan zijn.

kinderkussen: **borduurwerk**

BENODIGDHEDEN: 9 bollen Rowan-garen Denim van 50 g in de hoofdkleur (indigo of ecru) en 1 bol in een contrastkleur (ecru of indigo), 2 breinaalden nr. 4, stopnaald en spelden, donzen binnenkussen van 50x50 cm.

WERKWIJZE: zet met naalden nr. 4 100 steken op en brei in tricotsteek tot je breiwerk vanaf de opzetrand 60 cm meet (ruimte voor krimpen is hierbij meegerekend, zie onder). Kant af. Brei op dezelfde manier een tweede deel.

AFWERKING: het Denim-garen krimpt bij de eerste wasbeurt in de lengte, dus was de delen voor het kussen voordat je ze aan elkaar naait. Wind eerst een stuk contrasterend garen losjes tot een bolletje of knot. Was en droog het breisel en het bolletje tegelijkertijd (volg de instructies op het garenwikkel). Leg het breisel plat neer en pers het licht; trek de delen ondertussen in model. Borduur met een dubbele draad contrasterend garen en een stopnaald met stompe punt eenvoudige motieven in stiksteek op een van de delen; laat je inspireren door de foto's. Desgewenst kun je details aangeven met andere simpele borduursteken. Speld als je klaar bent met borduren de twee delen voor het kussen met de goede kanten tegen elkaar en naai drie zijden dicht met kleine rijgsteekjes. Keer de goede kant naar buiten, stop het binnenkussen in de hoes en naai de opening dicht. Werk het kussen rondom met een enkele draad contrasterend garen in festonsteek af.

Linksboven: met borduurwerk kun je je breiwerk op een makkelijke manier mooi versieren.

Middenboven: met een dubbele of driedubbele draad contrasterend garen komen de geborduurde lijnen duidelijk uit.

Rechtsboven: werk het kussen rondom af met een contrasterende rand van festonsteken.

Rechterpagina: vul de achtergrond op met een strooimotief van sterren in rechte steken.

pantoffeltjes: gerstekorrel

Dit zijn de liefste, zachtste babyslofjes die je ooit hebt gezien! Ze zijn zo onweerstaanbaar dat je er zelfs de eenvoudige meerderingen en minderingen vast wel voor over hebt. Maak ze om cadeau te geven aan een baby, of brei ze in een volwassenenmaat voor jezelf of je partner. Zelfgemaakte cadeautjes zijn altijd het leukst, en deze in model gebreide 'schoenen voor binnen' worden gegarandeerd favoriet. Brei de babyslofjes van denimgaren of gewone katoen en de twee volwassenenmaten van denimgaren. Denimgaren krimpt weliswaar bij de eerste wasbeurt in de

lengte, maar daar is in het breipatroon al rekening mee gehouden. Denimgaren voelt apart aan en ziet er apart uit; het geeft de pantoffeltjes bovendien stevigheid, dus is het de extra zorg van wassen en drogen voordat je de delen in elkaar naait wel waard. Deze pantoffeltjes, die zijn gebreid in fraai getextureerde gerstekorrelsteek, zijn heerlijk comfortabel voor in de bad- of slaapkamer, of voor luie dagen in huis.

pantoffeltjes: **gerstekorrel**

BENODIGDHEDEN BABYSLOFJES: 1 bol Rowan-garen Handknit D.K. Cotton van 50 g, of 1 bol Rowan-garen Denim, 2 breinaalden nr. 3,75, stopnaald en spelden.

BENODIGDHEDEN VOLWASSENENMAAT: 2 bollen ecru Rowan-garen Denim van 50 g, 2 breinaalden nr. 3,75, stopnaald en spelden.

GERSTEKORRELSTEEK (oneven aantal steken) **Naald 1:** 1 recht, *1 averecht, 1 recht; herhaal vanaf * tot einde naald. **Naald 2:** brei de averechte steken recht en de rechte steken averecht zoals ze zich voordoen. Herhaal naald 2 om het patroon te vormen.

WERKWIJZE: het patroon wordt beschreven voor de babyslofjes en de instructies voor de kleine en grote volwassenenmaten staan tussen vierkante haken [ ]; waar maar één getal staat, geldt dat voor alle maten.
ZOLEN (2 dezelfde): zet met naalden nr. 3,75 9 [11: 11] steken op en brei 1 naald in gerstekorrel. **Alleen voor babyslofjes:** brei de hele zool in gerstekorrel; meerder 1 steek aan weerskanten van de volgende naald door de eerste en laatste steek dubbel te breien (11 steken op de naald). Brei zonder meerderen of minderen tot je breiwerk 9 cm meet bij D.K. Cotton en 10 cm bij Denim-garen. Minder 1 steek aan weerskanten van de naald door de eerste 2 en laatste 2 steken samen te breien. **Alleen volwassenenmaten:** brei de hele zool in gerstekorrel; zet bij de volgende naald aan weerskanten 2 steken op (15 [15] steken op de naald). Bre 21,5 [24] cm zonder meerderen of minderen. Kant aan het begin van de volgende 2 naalden telkens 2 steken af. **Beide versies:** kant de resterende 9 [11: 11] steken in gerstekorrel af.
BOVENDEEL (2 dezelfde): zet met naalden nr. 3,75 19 [41: 41] steken op. Brei het hele bovendeel in gerstekorrel; meerder 1 steek aan het eind van de volgende naald door de eerste en laatste steek dubbel te breien, en meerder dar in de volgende 5 naalden telkens 1 steek aan dezelfde kan voor de teenruimte (25 [47: 47] steken op de naald). Brei 4 [10: 10] naalden zonder meerderen of minderen en eindig aan de rechte hielkant. Kant bij de volgende naald 12 [23: 23] steken in gerstekorrel af. Minder 1 steek aan het eind van de volgende naald door de laatste 2 steken samen te breien. Minder 1 steek aan het begin van de volgende naald door de eerste 2 steken samen te breien. Meerder 1 steek aan het eind van de volgende naald door na de laatste steek 1 steek extra op te zetten. Brei 1 naald zonder meerderen of minderen. Zet 13 [24: 24] steken op aan het eind van de volgende naald (25 [47: 47] steken op de naald). Brei 4 [10: 10] naalden zonder meerderen of minderen. Minder in de volgende 6 naalden 1 steek aan d teenkant. Kant de resterende 19 [41: 41] steken af.

AFWERKING: heb je denimgaren gebruikt, was en droog dan voordat je de pantoffels in elkaar naait alle gebreide delen volgens de instructies op het garenwikkel, in verband met krimpen. Naai de rechte randen bij de hiel van het bovendeel aan elkaar. Speld de zool langs het bovendeel en naai de delen met festonsteken vast. Vorm de ruimte voor de tenen.

Linksboven: meerder 1 steek door dezelfde steek 2 keer te breien (boven), of meer dan 1 steek door nieuwe steken op te zetten (onder).

Midden links: de zool (links) en het bovendeel (rechts) van de pantoffel. Naai de rechte hielnaden van het bovendeel tegen elkaar. Naai het deel dan aan de zool.

Linksonder: de pantoffels voor volwassenen zijn gebreid van off-white denimgaren. In de slaapkamer of de badkamer komen ze goed van pas.

Rechterpagina: babyslofjes in diverse blauwtinten en in ecru katoengaren. Brei deze grappige slofjes van denimgaren of simpele katoen.

badkamer

scrubhandschoen: sisaltouw

Touw is een van de eenvoudigste en meest 'basic' materialen om mee te breien en varieert qua kleur van wit, ecru en strokleurig tot zachtgouden tinten. Het kan allerlei texturen hebben – van dun gedraaid paktouw tot pluizig 'tuintouw' en grof sisal – en biedt daarmee grenzeloze mogelijkheden voor het interieur. De eenvoud van touw geeft zelfgemaakte gebruiksvoorwerpen een 'eerlijke' uitstraling – van de woonkamer tot de badkamer, en van kussens en tafellopers tot deze originele scrubhandschoen. De handschoen is in tricotsteek gebreid van sisaltouw. Dit materiaal is niet zo heel

makkelijk te verwerken, maar straks kun je je lichaam er heerlijk mee verwennen. Doordat het touw schuurt, kun je er je huid mee scrubben en verzachten. De handschoen is makkelijk te maken, want hij bestaat uit één stuk, dat is dubbelgevouwen en vastgenaaid. De handschoen meet zo'n 20x16 cm, maar je kunt ook een 'rugscrubber' maken door een langere lap te breien. Met een stuk handgemaakte zeep een uitstekend cadeau voor een goede vriend of vriendin!

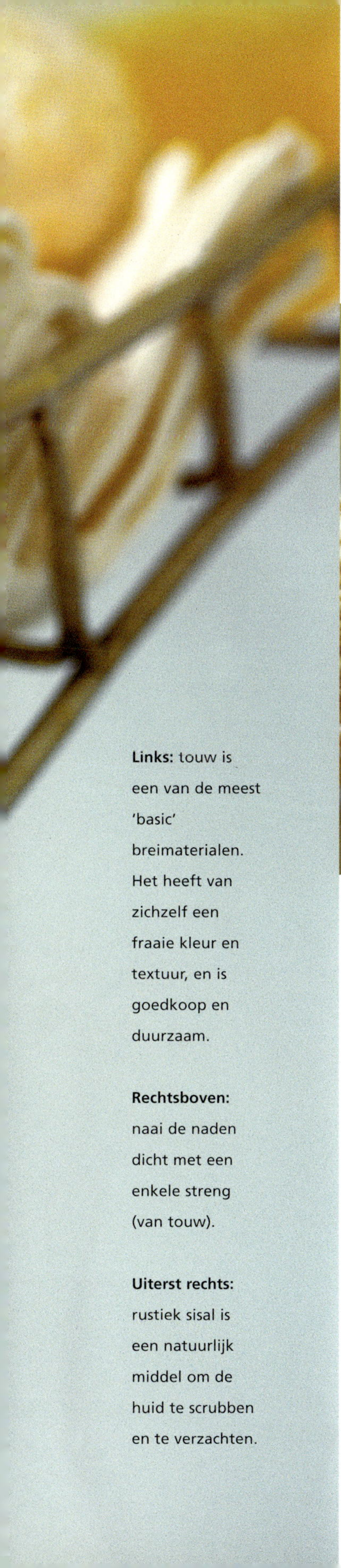

Links: touw is een van de meest 'basic' breimaterialen. Het heeft van zichzelf een fraaie kleur en textuur, en is goedkoop en duurzaam.

Rechtsboven: naai de naden dicht met een enkele streng (van touw).

Uiterst rechts: rustiek sisal is een natuurlijk middel om de huid te scrubben en te verzachten.

scrubhandschoen: **sisaltouw**

BENODIGDHEDEN: 2 bollen grof sisaltouw, te koop bij de meeste ijzerhandels (hoe grover, hoe beter), 2 breinaalden van het hoogste nummer dat je kunt vinden (nr. 10 of zo), grote stopnaald.

WERKWIJZE: zet 12 steken op. Heb daarbij een beetje geduld, want het touw zal vanzelf kronkelen en draaien. Brei de eerste naald recht en de tweede averecht. Brei om en om 1 naald recht, 1 naald averecht, tot je breiwerk 40 cm meet. Kant de steken op de naald af. Misschien vind je sisal lastig te verwerken; wikkel de 'draad' dan losjes om de naald om de steken makkelijker te kunnen doorhalen.

AFWERKING: knip een stuk touw van de bol af. Splits hiervan 1 streng af en gebruik deze als 'naaigaren' voor de naden. Vouw het breisel in de breedte dubbel, met de ribbelkant naar buiten. Speld de delen desgewenst, en naai vervolgens de zijkanten met rijgsteken dicht; laat de kant tegenover de vouw open. Keer nu de gladde kant van de handschoen naar buiten; duw desgewenst eerst de 'hoeken' van de handschoen naar binnen met de knop van een breinaald. Geef de handschoen eventueel een ophanglus: zet 18 steken op (voor een lus van 25 cm lang) en kant ze in de eerste naald af. Naai dit koord met beide uiteinden boven aan een zijkant.

VARIATIE: je kunt de handschoen ook maken door 2 delen van 21x17 cm te breien en die met de ribbelkant naar buiten aan elkaar te naaien, waarbij je de naden aan de goede kant in het zicht laat.

toilettas: koel katoen

Dit bescheiden decoratieve werkstuk brei je van dik of middeldik katoenen garen. De tas is gebreid in de fraai getextureerde gerstekorrelsteek, met bovenaan een rand van tricotsteek, die wordt dubbelgeslagen en zo een tunneltje vormt voor een gebreid of gedraaid trekkoord. Door voor de enkele lijn in gerstekorrel de contrasterende kleur blauw te kiezen, springt hij eruit alsof hij op de tas geborduurd is. Het gladde paneeltje voor het geborduurde woord is gebreid in tricotsteek en is

later op de voorkant genaaid. Hier is voor het woord **BAIN** gekozen, maar je kunt ook een ander 'badwoord' nemen, bijvoorbeeld **SOAP** of **L'EAU** – of gebruik de namen van je kinderen of de initialen van je gezinsleden en hang de toilettassen op een rijtje in de badkamer. Brei met dit werkstuk als inspiratiebron grotere tassen voor ondergoed of sokken, of brei een tas in een fijnere tricotsteek en borduur direct op het breisel. Veel plezier met je eigen variaties!

toilettas: **koel katoen**

BENODIGDHEDEN: 3 bollen ecru Rowan-garen *Handknit D.K. Cotton* van 50 g en 1 bol ijsblauw, 2 breinaalden nr. 3,75, stopnaald en spelden.

WERKWIJZE: VOOR- EN ACHTERKANT (*2 dezelfde delen*): zet met naalden nr. 3,75 en ecru 50 steken op. Brei de gerstekorrelsteek als volgt:

Naald 1: *1 recht, 1 averecht, herhalen vanaf * tot einde naald. **Naald 2:** brei de rechte steken averecht en de averechte recht zoals ze zich voordoen. Herhaal naald 2 tot je breiwerk 5 cm meet. Ga verder met ijsblauw en brei 1 naald gerstekorrel. Ga weer door met ecru en blijf in gerstekorrel breien tot je breiwerk 27 cm meet vanaf de opzetrand. Brei 2,5 cm in tricotsteek en eindig met een averechte naald. Brei met de goede (gladde) kant van het werk naar je toe 1 naald averecht voor de vouwlijn van de rand. Begin met 1 naald averecht en brei nog 2,5 cm in tricotsteek verder. Kant af.

WOORDPANEEL: zet met naalden nr. 3,75 en ecru 30 steken op en brei 7 cm in tricotsteek. Kant af. Borduur met ijsblauw garen **BAIN** (of iets anders) in kruissteek op het paneel.

TREKKOORD: maak een simpel gedraaid koord van 90 cm lang. Of brei een koord door 170 steken op te zetten en die in de eerste naald meteen weer af te kanten; pak vervolgens aan de andere kant van de opzetrand de lussen van de steken op met je breinaald en kant de steken al breiend af.

AFWERKING: pers de delen licht. Naai het woordpaneel met kleine rijgsteekjes op de voorkant. Naai de voor- en achterkant met kleine stiksteekjes aan elkaar (goede kanten tegen elkaar), maar alleen tot zo ver het gerstekorrel-patroon loopt. Keer de goede kant naar buiten. Vouw de rand om langs de vouwlijn en naai de zoom binnenin vast. Rijg het koord door het tunneltje en knoop de uiteinden aan elkaar.

Linksboven: laat als je de voor- en achterkant tegen elkaar naait de uiteinden van het tunneltje in tricotsteek open.

Linksonder: rijg het koord door het tunneltje, trek aan de uiteinden en bind ze in een knoop of strik.

Rechts: als de toilettas in gerstekorrel klaar is, meet hij ongeveer 27x29 cm.

huisjasje: zachte chenille

Dit is precies wat de naam al aangeeft: een fluweelzacht jasje dat je lekker aanschiet als je uit bad komt of waarin je je thuis heerlijk ontspant. Het is gebreid van dikke katoenen chenille, dat zacht en luxueus aanvoelt, en goed absorbeert. Driekwartmouwen en opgenaaide zakken geven dit losse en comfortabele gebreide werkstuk een modieus accent. Vind je het jasje veel te lekker zitten om het alleen in de badkamer te gebruiken, brei er dan nog een in olifantengrijs voor als je uitgaat. Het

jasje is eenvoudig en snel te breien, want het bestaat uit rechte lappen, zonder meerderen of minderen! Een kenmerk van chenille is dat het breisel een beetje ongelijkmatig wordt, wat ik juist wel charmant vind. Maar volg één goede raad op: vermijd ribbels. Ribbelsteken zien er in chenille vaak wat rommelig uit, dus alle randen zijn hier expres glad gehouden, met kleine splitjes en een eenvoudig beleg. Het resultaat is heel chic, vooral met een finishing touch van grote parelmoeren knopen.

huisjasje: **zachte chenille**

BENODIGDHEDEN: 10 bollen Rowan-garen *Chunky Cotton Chenille* van 100 g, 2 breinaalden nr. 4 en nr. 5, 2 grote knopen, stopnaald en spelden.

WERKWIJZE: ACHTERPAND: zet met naalden nr. 5 96 steken op. Ga verder met naalden nr. 4 en brei in tricotsteek tot het achterpand vanaf de opzetrand 45,5 cm meet. Knoop aan het begin en einde van de naald een gekleurd draadje om de armsgaten te markeren. Brei verder in tricotsteek tot het achterpand in totaal 71 cm meet. Kant af met naalden nr. 5. Markeer de middelste 24 steken voor de halsopening tijdens het afkanten met gekleurde draadjes.
RECHTERVOORPAND: zet met naalden nr. 5 61 steken op. Ga verder met naalden nr. 4.
Naald 1 (goede kant): 8 steken recht, 1 averecht, recht tot einde naald. **Naald 2:** brei averecht tot de laatste 9 steken, 1 recht, 8 averecht. Herhaal deze 2 naalden tot het voorpand vanaf de opzetrand 20 cm meet en eindig met een averechte naald.
Knoopsgatennaald 1 (goede kant): 2 recht, kant de volgende 4 steken af (nu 3 steken op de rechternaald), 1 recht, 1 averecht, 2 recht, kant de volgende 4 steken af, brei recht tot einde naald. **Knoopsgatennaald 2:** brei averecht tot de 4 afgekante steken, zet 4 steken op, 2 averecht, 1 recht, 2 averecht, zet 4 steken op waar ze in vorige naald zijn afgekant, 2 averecht. Brei het hele voorpand verder in tricotsteek (met de ene averechte steek voor de vouwlijn van het beleg) tot je breiwerk vanaf de opzetrand 45,5 cm meet; markeer dan het armsgat met een gekleurd draadje aan de kant van de mouw. Brei verder tot het voorpand 64,5 cm meet vanaf de opzetrand en eindig met een averechte naald.
Halsopening (goede kant): kant voor de halsopening de eerste 25 steken af en brei recht tot het einde van de naald. Ga met de resterende 36 steken verder in tricotsteek, tot het voorpand even lang is als het achterpand. Kant af met naalden nr. 5.
LINKERVOORPAND: brei dit als het rechtervoorpand, maar dan zonder knoopsgaten, Brei de averechte vouwlijn aan de andere kant en kant in een averechte naald steken af voor de hals.
MOUWEN (*2 dezelfde*): zet met naalden nr. 5 80 steken op. Ga verder met naalden nr. 4 en brei in tricotsteek tot de mouw 30,5 cm meet. Kant af met naalden nr. 5.
ZAKKEN (*2 dezelfde*): zet met naalden nr. 5 28 steken op. Ga verder met naalden nr. 4 en brei 16,5 cm in tricotsteek; eindig met een rechte naald. Brei de volgende naald als vouwlijn en brei verder in tricotsteek tot je breiwerk in totaal 23 cm meet. Kant af met naalden nr. 5.
KRAAG: zet met naalden nr. 5 80 steken op. Ga verder met naalden nr. 4 en brei 7,5 cm in tricotsteek; eindig met een averechte naald. Brei de volgende naald recht voor de vouwlijn; brei daarna 1 naald recht en brei nog 7,5 cm in tricotsteek. Kant af met naalden nr. 5.

AFWERKING: werk alle losse draadjes weg aan de verkeerde kant van het breisel. Pers de delen licht in vorm. Stik de schoudernaden (goede kanten tegen elkaar), zet de mouwen in tussen de gekleurde markeringen en naai vervolgens de zijnaden en mouwnaden dicht; laat onderaan bij de zijnaden splitten van 7 cm open. Vouw het beleg aan de voorpanden langs de averechte vouwlijn naar binnen en zoom het vast. Leg het midden van de kraag op het midden van het achterpand en naai de kraag vast. Vouw de kraag langs de averechte vouwlijn en zoom hem aan de voorpanden. Vouw de zakomslagen langs de vouwlijn om en naai ze op de voorpanden. Zet ten slotte twee knopen op de juiste plaats.

Rechtsboven: aan weerskanten van de averechte vouwlijn, waarlangs je het beleg omvouwt, brei je twee corresponderende knoopsgaten.

Rechtsonder: werk de knoopsgaten door twee lagen breisel heen rondom af met festonsteken.

Deze pagina: fluweelzachte katoenen chenille is makkelijk te verwerken en voelt heerlijk aan als je uit bad komt of 's ochtends wakker wordt.
(Zie p. 125 voor de eindmaten.)

gebreide mandjes: gerstekorrel

Mandjes zijn heel makkelijk te maken – brei gewoon vijf vierkantjes! Deze mandjes, die omwille van de stevigheid en de textuur zijn gebreid in gerstekorrel en waarvoor naturelkleurig touw is gebruikt, zijn zowel handig als decoratief. Je kunt de delen in elkaar zetten met naar buiten gewerkte naden (voor een vierkant mandje), of ze aan de binnenkant plaatsen (voor een afgeronde schaal- of mandvorm). Experimenteer met verschillende afmetingen – groot en klein – of brei zelfs een mandje met een deksel! Kies eens indigo garen en voeg voor extra stevigheid stijfsel aan het laatste

spoelwater toe. Met leren koord of raffia bereik je een heel ander effect, voor andere ruimtes in je huis. Deze mandjes komen van pas in de badkamer, maar doen het ook goed in een moderne woonkamer, of in een speels ingerichte kinderkamer. Je kunt zelf allerlei ontwerpen bedenken en bijvoorbeeld enkele strepen inbreien, de mandjes gekleurde hoeken geven of met borduurwerk versieren. Dit is een leuk eerste breiwerkstuk voor kinderen – om al hun schatten in op te bergen.

gebreide mandjes: **gerstekorrel**

BENODIGDHEDEN klein mandje: 3 bollen middeldik touw, 2 breinaalden nr. 4, stopnaald en spelden.

WERKWIJZE KLEIN MANDJE: zet met naalden nr. 4 19 steken op en brei als volgt in gerstekorrel:
Naald 1: 1 recht, *1 averecht, herhaal vanaf * tot einde naald. Herhaal deze naald totdat je vanaf de opzetrand 30 naalden hebt en er een vierkant lapje is ontstaan. Kant af in gerstekorrel. Brei nog 4 van deze lapjes.

AFWERKING: werk alle losse draadjes af. Was de delen in warm water (40 °C). Bij de laatste spoelbeurt kun je voor extra stevigheid stijfsel toevoegen. Trek de delen in vorm en laat ze plat drogen; droog ze NIET in een wasdroger. Stik met touw 4 zijkanten tegen elkaar, zodat een open doos ontstaat. Naai hier de bodem in; plaats de naden aan de buitenkant. Bespuit het mandje zo nodig nog met extra stijfsel.

BENODIGDHEDEN groot mandje: 5 bollen middeldik touw, 2 breinaalden nr. 4, stopnaald en spelden.

WERKWIJZE GROOT MANDJE: zet met naalden nr. 4 25 steken op en brei als volgt in gerstekorrel:
Naald 1: 1 recht, *1 averecht, herhaal vanaf * tot einde naald. Herhaal deze naald totdat je vanaf de opzetrand 40 naalden hebt gebreid en je een vierkant lapje hebt. Kant af in gerstekorrel. Brei nog 4 van deze lapjes.

AFWERKING: werk alle losse draadjes af. Was de 5 delen, droog ze in vorm en naai ze in elkaar als bij het kleine mandje.

Linksboven: speld de naden en naai ze dicht met stiksteek of een dubbele rij rijgsteken, waarbij je 'op de terugweg' de open tussenruimtes van de eerste rij vult.

Rechtsboven: probeer verschillende diktes.

Rechterpagina: gebruik de mandjes in de badkamer om er badparels, handdoekjes en gastenzeepjes in op te bergen – of vul ze daarmee en geef ze cadeau!

voddenkleedje: mix van texturen

Katoen, badstof, mousseline, seersucker, touw, lint, chenille – verzamel voor dit voddenkleed allerlei materialen op grond van kleur en textuur. Brei met willekeurige restjes textiel en garen, en het eindresultaat wordt heel gevarieerd. Of maak eerst een ontwerp en zoek gericht naar materiaal voor bijvoorbeeld regelmatige strepen. Gebruik eens denim, blauwtinten, indigo en chambray, met daartussendoor helderwit of houtskoolgrijs, zwart-wit boerenbont, genopte stof of zelfs beddentijk. Of combineer natuurlijke en synthetische materialen. Verschillende textielsoorten leveren uiteraard

een ongelijkmatig breisel op, dus brei voor een gelijkmatige dikte de stroken zo nodig samen met dik garen, of neem een (drie)dubbele draad. Knoop de uiteinden aan elkaar volgens een textuur- of kleurenschema, of in willekeurige volgorde en begin te breien. Duw naderhand alle knoopjes naar één kant, zodat het kleedje een 'ruwe' en een 'gladde' kant krijgt. In beide gevallen heb je een fraaie textuur onder je voeten, die je kunt benadrukken door in plaats van in tricotsteek in ribbelsteek of gerstekorrel te breien.

voddenkleedje: **mix van texturen**

BENODIGDHEDEN: stroken katoenen stof (badstof, mousseline, seersucker), touw, katoenen lint, dik chenille garen, 2 breinaalden nr. 10, grote haaknaald.

WERKWIJZE: knip de stof in stroken van circa 2 cm breed. Voeg 2 of 3 soorten garen samen en wind er een bol van. Knoop stroken stof en stukken samengesteld garen van een bepaalde lengte aan elkaar tot één 'draad' en wind die op tot je eigen bol getextureerd 'breigaren'. Zet vervolgens met naalden nr. 10 50 steken op. Brei om en om 1 naald recht en 1 naald averecht, en brei elke garencombinatie zoals hij van je 'bol' komt. Maak zo nodig meer 'bollen'. Brei in tricotsteek tot je breiwerk vanaf de opzetrand zo'n 90 cm meet (of de gewenste lengte) en kant af.

Linksboven: maak je eigen bollen 'breigaren' van een mix van stroken textiel en dikke garens.

Middenboven: knoop stroken stof aan stukken (dubbel of meerdubbel) garen tot één doorlopende 'draad'.

Rechtsboven: geef het kleedje aan weerskanten een franjerand.

Rechterpagina: de knoopjes aan de achterkant van het tricotbreisel zorgen voor extra textuur.

AFWERKING: leg het breisel plat neer en pers het licht in vorm. De meeste knoopjes zullen vanzelf aan de achterkant ('ruwe' kant) van het breisel terechtkomen. Beide kanten zijn echter als 'goede' kant te gebruiken. Knip voor de franje stroken stof en stukken garen van zo'n 15 cm lang. De franje wordt overal even lang als je garen en stroken stof om een liniaal van 15 cm windt en de lussen vervolgens doorknipt. Neem een enkele 'draad', vouw die dubbel en trek met een haaknaald het gevouwen stuk van de verkeerde naar de goede kant aan de rand van het breisel. Steek de twee uiteinden door de lus en trek hem strak aan. Knip de franje zo nodig bij.

garen: eigenschappen & onderhoud

TEXTUURGAREN KIEZEN: de onderstaande beschrijvingen van garens geven je een beeld van de voor- en nadelen van breien met verschillende garensoorten. Vergeet niet dat het geheim om willekeurig welk garen optimaal tot zijn recht te laten komen bestaat uit experimenteren met verschillende naalddiktes en stekenpatronen. Vergeet ook niet dat de textuur van het garen invloed heeft op de kleuren waarin het verkrijgbaar is. (Zie p. 125 voor details over de garens die in de voorgaande hoofdstukken zijn gebruikt.)

ALPACA: alpacagaren, dat heel licht is, en even zacht en warm als kasjmier, is meestal minder duur dan kasjmier. Het is verkrijgbaar in prachtige ingetogen natuurlijke kleuren. Hoewel het kan prikken, is het prettig te verwerken.

Linksboven: denimgaren kan in de wasmachine worden gewassen en in de droger worden gedroogd. Van denimgaren gebreide werkstukken moet je voor het in elkaar zetten eerst wassen in verband met krimp; zo ontstaat ook het stoere en karakteristieke 'verwassen' uiterlijk (zie rechterpagina voor meer details).

Rechtsboven: centrifugeer denim breisel na het wassen goed en droog het in de droger. Voor de frisheid kun je het buiten hangen.

KASJMIER: kasjmier is een vezel van topkwaliteit en vertegenwoordigt de ultieme luxe. Het is superzacht en licht, en voelt heerlijk aan. Een nadeel van kasjmiergaren is dat het duur is; de vervaardiging is kostbaar en tijdrovend. Ook pilt breisel van kasjmier snel.

CHENILLE: chenille, met zijn fluweelachtige pool, vergt enig geduld als je ermee wilt breien. Een tip: gebruik naalden die een nummer kleiner zijn dan je denkt nodig te hebben en zet op met naalden die een nummer dikker zijn.

KATOEN: katoen is warm in de winter en koel in de zomer. Er bestaan allerlei soorten katoenen breigarens: mat of glanzend, glad of onregelmatig en getextureerd. Katoen is verkrijgbaar in vele kleuren, maar ook in vele diktes, van superdun tot superdik. Omdat katoen niet elastisch is, kan het als je nog weinig brei-ervaring hebt echter lastiger te verwerken zijn dan wol. Vaak is katoenbreisel vrij zwaar en het kan snel uit vorm raken.

KATOEN-WOLMENGSEL: de combinatie katoen-wol is ideaal voor breigaren. Wol zorgt voor elasticiteit, tijdens het breien en daarna, en door de katoen valt het breisel mooi en voelt het droog, glad en koel aan.

LINNEN: linnen voelt heel droog, heeft een subtiele glans en valt mooi. Zeer fraai is een mengsel van linnen en andere natuurlijke vezels. De meeste linnen breigarens zijn veerkrachtig en kunnen worden gewassen in de machine en worden gedroogd in een droger. Linnen kreukt snel, maar dat is juist wel mooi. Sommige soorten kunnen licht schuren op de huid.

ZIJDE: zijde staat bekend om zijn natuurlijke glans en de prachtige manier waarop het valt. Het is luxe materiaal dat heerlijk aanvoelt. Hoewel gebreide details er goed in uitkomen, is het niet makkelijk te verwerken, want vergeleken met wol is het, evenals katoen, niet erg elastisch. Sommige zijden garens kunnen pillen en uitzakken.

TOUW: de natuurlijke textuur van touw heeft een fraai mat oppervlak. Het is goedkoop en alom verkrijgbaar in verschillende diktes, van dun en glad paktouw, middeldik 'huishoudtouw' en grof sisaltouw. Het breit stug en kan kronkelen, maar is door de fraai textuur zeker de moeite waard.

WOL: wol, sterk en soepel, is evenals katoen 's winters warm en 's zomers koel. Maar anders dan katoen kan het superdun en toch mooi vol zijn tot grof en stoer. Wollen breigaren is in talloze kleuren en texturen verkrijgbaar, onder andere tweed en bouclé. Het nieuwste van het nieuwste is wollen viltgaren. Door zijn elasticiteit laat wol zich makkelijk verwerken en snel tot een gelijkmatig oppervlak breien. Met gladde wolsoorten als merino kun je fraaie reliëfsteken breien, zoals horizontale averechte banen, verticale strepen, ruitjes van recht en averecht, en fijne gerstekorrel.

ONDERHOUD VAN GARENS: op de wikkels van de meeste garens staat vermeld hoe je ze moet wassen (of stomen), drogen en persen; volg die op. Als je met meer dan één garen breit, zoals bij de kinderdeken van p. 88, vergt het onderhoud iets meer zorg. Staat er bijvoorbeeld op één wikkel dat je het werkstuk moet stomen, doe dat dan.

Weet je niet precies hoe je je breisels moet wassen, maak dan een proeflapje van de garens in kwestie en was het om te kijken hoe het zich houdt. Let op krimpen en uitrekken. Ben je tevreden over het resultaat, ga dan verder en was het lapje op de hand in lauw water. Gebruik nooit warm water, want dan zal je breisel zeker vervilten en is er geen weg meer terug.

Natuurlijke vezels zoals wol, katoen en linnen kunnen in de regel het best op de hand gewassen worden. Was je gebreide werkstukken op de hand, behandel ze dan voorzichtig. Knijp het overtollige water eruit – wring nooit. Spoel het werkstuk goed tot alle zeeprestanten eruit geknepen zijn, want anders worden de vezels dof. Hang natte breisels nooit op; het gewicht van het water trekt ze namelijk uit vorm. Laat je werkstukken plat drogen op een handdoek, die een deel van het vocht opneemt. Leg je breisel nooit neer vlak bij een warmtebron en laat het plat liggen tot het helemaal droog is.

Kijk nog even op het wikkel voordat je breisels perst. Voor de meeste vezels is een klein beetje stoom voldoende; beweeg het strijkijzer er lichtjes overheen.

Zorg goed voor alles wat gebreid is. Losse draadjes kunnen pluisjes vormen op het oppervlak. Dit heet pillen. Bij kasjmier en andere luxegarens heb je daar al snel last van. De pilletjes kun je eraf plukken of 'opdeppen' met een stuk plakband.

ONDERHOUD VAN DENIMGAREN: denim breigaren kan veel hebben, het is praktisch en kan in de wasmachine. Het is dus zowel voor kinderen als voor volwassenen heel geschikt. Evenals ander met indigo geverfd textiel zal denimgaren verbleken door wassen en dragen. Tijdens het breien zal de kleurstof een beetje afgeven op je handen, maar je wast het er zo weer af. De meeste overtollige verf spoel je uit bij de eerste wasbeurt. De gebreide delen zullen bij de eerste wasbeurt ook in de lengte krimpen (niet in de breedte), waardoor het breisel 'strak trekt' tot een compacte en robuuste 'lap'. Met deze krimp is in de breipatronen waarbij denimgaren is gebruikt rekening gehouden. Was van denimgaren gebreide delen voordat je ze in elkaar zet eerst in de wasmachine (60-70 °C) (samen met een bolletje garen voor het naaien). Laat de delen plat drogen, of droog ze in de machine als je wilt dat ze zachter gaan aanvoelen.

stekenverhoudingen: **tips**

AFMETINGEN BREISEL VERANDEREN: je kunt de breedte van je breisels aanpassen aan elk gewenst formaat. Brei altijd eerst een proeflapje van het garen van je keuze. Leg het lapje plat neer, strijk het voorzichtig glad en tel hoeveel steken er horizontaal over de stekenrijen in 10 cm gaan. Door het aantal steken per centimeter te vermenigvuldigen met de gewenste breedte kun je uitrekenen hoeveel steken je moet opzetten. Als er bijvoorbeeld 15 steken in 10 cm gaan, heb je 1,5 steek per centimeter. Als je een kussen van 50 cm breed wilt breien, zet je dus 50x1,5=75 steken op. Het aantal naalden per centimeter is meestal minder belangrijk, zeker bij eenvoudige werkstukken – brei gewoon door tot de gewenste lengte is bereikt!

STEKENVERHOUDING BIJ WERKSTUKKEN: omdat de werkstukken in dit boek grotendeels bestaan uit eenvoudige kussens, plaids en dergelijke, komt het er meestal niet erg op aan of jouw stekenverhouding overeenkomt met de beschrijvingen. Met andere woorden, het maakt niet echt uit of jouw kussen of plaid iets groter of kleiner uitvalt. Maar als je de afmetingen van je breisel wilt veranderen of met een ander soort garen wilt breien, komt de oorspronkelijke stekenverhouding je daarbij goed van pas, dus is die hieronder vermeld.

P. 36, EENVOUDIGE KUSSENS: EINDMAAT: 50x50 cm. STEKENVERHOUDING KATOENEN KUSSEN: 20 steken in 10 cm gerstekorrel met naalden nr. 4 en *Handknit D.K. Cotton* (Rowan). STEKENVERHOUDING CHENILLE KUSSEN: 15 steken in 10 cm gerstekorrel met naalden nr. 5 en *Chunky Cotton Chenille* (Rowan).

P. 40, KUSSEN MET NADEN: EINDMAAT: 55x55 cm. STEKENVERHOUDING: 11 steken in 10 cm tricotsteek met naalden nr. 7 en *Chunky Soft* (Rowan).

P. 47, GESTREEPT KUSSEN: EINDMAAT: 50x50 cm. STEKENVERHOUDING: 15 steken in 10 cm tricotsteek met naalden nr. 4 en *Chunky Cotton Chenille* (Rowan).

P. 52, PLAID MET FRANJE: EINDMAAT: 128x111 cm. STEKENVERHOUDING: 15 steken en 23 naalden in 10 cm tricotsteek met naalden nr. 4,5 en *Chunky Cotton Chenille* (Rowan).

P. 56, VLOERKUSSEN: EINDMAAT: 72x72 cm. STEKENVERHOUDING: 14 steken en 22 naalden in 10 cm tricotsteek met naalden nr. 5 en 1 streng *Alpaca* en 1 streng *Persia* tegelijkertijd (beide Jaeger).

P. 61, TAFELLOPER: EINDMAAT: 37x127 cm. STEKENVERHOUDING: 12 steken en 17 naalden in 10 cm tricotsteek met naalden nr. 6 en middeldik touw.

P. 64, KRALENKUSSENS: EINDMAAT: de kussens meten 40x30 cm. STEKENVERHOUDING KUSSEN IN OMGEKEERDE TRICOTSTEEK: 15 steken in 10 cm omgekeerde tricotsteek met naalden nr. 4,5 en *Chunky Cotton Chenille* (Rowan). STEKENVERHOUDING OVERSLAGKUSSEN: 28 steken in 10 cm tricotsteek met naalden nr. 3,25 en superlichtgewicht linnen garen.

P. 72, DEKEN MET VIERKANTEN: EINDMAAT: 183x183 cm. STEKENVERHOUDING: 10 steken in 10 cm tricotsteek met naalden nr. 7,5 en *Chunky Soft* (Rowan).

P. 76, TRUI VAN VILTWOL: EINDMAAT: de omtrek is 116 cm en de lengte 68,5 cm. STEKENVERHOUDING: 10,5 steken en 15 naalden in 10 cm tricotsteek met naalden nr. 7,5 en *Chunky Soft* (Rowan).

P. 80, PLAID MET KLEURBLOKKEN: EINDMAAT: 160x160 cm. STEKENVERHOUDING: 22 steken in 10 cm tricotsteek met naalden nr. 4 en *Extra Fine Merino* (Jaeger). VOOR PERSIA: 16 steken in 10 cm met naalden nr. 4,5 en *Persia* (Jaeger).

P. 84, KNOPENKUSSENS: EINDMATEN: alle knopenkussens meten ongeveer 40x40 cm (exclusief knopenranden). STEKENVERHOUDING: 22 steken en 32 naalden in 10 cm tricotsteek met naalden nr. 4 en *Extra Fine Merino* (Jaeger).

P. 90, KINDERDEKEN: EINDMAAT: ongeveer 72x90 cm. STEKENVERHOUDING: 20 steken en 28 naalden in 10 cm tricotsteek met naalden 3,75 en *Handknit D.K. Cotton* (Rowan).

P. 94, KINDERKUSSEN: EINDMAAT: 50x50 cm. STEKENVERHOUDING: 20 steken en 28 naalden voor het wassen (20 steken en 32 naalden erna) in 10 cm tricotsteek met naalden nr. 4 en *Denim* (Rowan).

garen kopen:**tips**

P. 98, EENVOUDIGE PANTOFFELS: EINDMAAT: babymaat, kleine en grote volwassenenmaat. STEKENVERHOUDING D.K. COTTON: 20 steken en 28 naalden in 10 cm gerstekorrel met naalden nr. 3,75 en *Handknit D.K. Cotton* (Rowan). STEKENVERHOUDING VOOR DENIM: 20 steken en 32 naalden (voor het wassen) in 10 cm gerstekorrel met naalden nr. 3,75 en *Denim* (Rowan).

P. 105, SCRUBHANDSCHOEN: EINDMAAT: 20x16 cm. STEKENVERHOUDING: 7 steken in 10 cm tricotsteek met naalden nr. 10 en sisaltouw.

P. 108, TOILETTAS: EINDMAAT: 27x29 cm. STEKENVERHOUDING: 19 steken in 10 cm gerstekorrel met naalden nr. 3,75 en *Handknit D.K. Cotton* (Rowan).

P. 112, HUISJASJE: EINDMAAT: dichtgeknoopt is de omtrek van de jas 120 cm; lengte is 71 cm. STEKENVERHOUDING: 16 steken en 24 naalden in 10 cm tricotsteek met naalden nr. 4 en *Chunky Cotton Chenille* (Rowan).

P. 116, GEBREIDE MANDJES: EINDMAAT: klein mandje 12x12x12 cm, groot mandje 18x18x18 cm. STEKENVERHOUDING: 15 steken en 25 naalden in 10 cm gerstekorrel met naalden nr. 4 en middeldik touw.

P. 120, VODDENKLEED: EINDMAAT: hangt af van de gebruikte vodden en garens. STEKENVERHOUDING: de aantallen steken en naalden, gebreid met naalden nr. 10, zijn afhankelijk van de gebruikte vodden en garens.

ANDER GAREN KOPEN: gebruik als het ook maar enigszins mogelijk is altijd het garen dat in de beschrijving wordt genoemd (zie p. 126 en 127 voor adressen). Maar besluit je ander garen te gebruiken – vanwege een bepaalde kleur of omdat je het aanbevolen garen niet kunt vinden –, koop dan een alternatief garen dat qua dikte, gewicht en textuur het aanbevolen garen zo dicht mogelijk benadert, zodat het past bij de beschreven werkwijze. Bereken benodigde hoeveelheden eerder op grond van lengte dan op grond van het gewicht van de bollen, en koop om te beginnen altijd maar één bol, zodat je eerst kunt nagaan hoe het er gebreid uitziet en hoe de stekenverhouding ligt.

GEBRUIKTE GARENS: hieronder staan de in dit boek gebruikte garens beschreven. De eigenschappen van elk garen kunnen handig zijn als je op zoek gaat naar een alternatief garen. LET OP: de gegeven stekenverhoudingen zijn allemaal gemeten op basis van tricotsteek en de lengte van bollen/kluwens is bij benadering.

JAEGER ALPACA: 100% alpaca; 4-draads alpacagaren; 184 m per bol van 50 g; aanbevolen stekenverhouding – 28 steken en 36 naalden in 10 cm met naalden nr. 3.

JAEGER EXTRA FINE MERINO: dubbeldraads wollen breigaren; 100% extrafijne merinowol; 125 m per bol van 50 g; aanbevolen stekenverhouding – 22 steken en 30 naalden in 10 cm met naalden nr. 4.

JAEGER PERSIA: middeldik wollen en polyamide bouclégaren; 82% extrafijne merinowol/18% polyamide; 100 m per bol van 50 g; aanbevolen stekenverhouding – 16 steken en 26 naalden in 10 cm met naalden nr. 4,5.

ROWAN COTTON GLACÉ: lichtgewicht katoenen garen; 100% katoen; 115 m per bol van 50 g; aanbevolen stekenverhouding – 23 steken en 32 naalden in 10 cm met naalden nr. 3-3,75.

ROWAN CHUNKY COTTON CHENILLE: dik chenillegaren; 100% katoen; 140 m per bol van 100 g; aanbevolen stekenverhouding – 14-16 steken en 23-24 naalden in 10 cm met naalden nr. 4-5.

ROWAN CHUNKY SOFT: dik viltgaren; 40% wol/30% acryl/20% alpaca/10% polyamide; 55 m per bol van 50 g; aanbevolen stekenverhouding – 11-12 steken en 16-17 naalden in 10 cm met naalden nr. 6,5-7.

ROWAN DENIM: middeldik katoenen garen; 100% katoen; 93 m per bol van 50 g; aanbevolen stekenverhouding voor het wassen – 20 steken en 28 naalden in 10 cm met naalden nr. 4. (Zie p. 123 voor onderhoudsinstructies van denimgaren, dat bij de eerste wasbeurt in de lengte krimpt.)

ROWAN FINE COTTON Chenille: dun chenille garen; 89% katoen/11% polyester; 160 m per bol van 50 g; aanbevolen stekenverhouding – 20-25 steken en 36-44 naalden in 10 cm met naalden nr. 2,75-3,75.

ROWAN HANDKNIT D.K. COTTON: middeldik katoenen garen; 100% katoen; 85 m per bol van 50 g; aanbevolen stekenverhouding – 19-20 steken en 28 naalden in 10 cm met naalden nr. 4-4,5.

adressen & dankwoord

BREIGARENS: de garens die voor de werkstukken in dit boek zijn gebruikt, worden beschreven op p. 125. Voor de meeste werkstukken is Rowan-garen gebruikt. Kijk op de website van Rowan voor adressen in Engeland en daarbuiten: ww.rowanyarns.co.uk, onder 'Stocklists'.

BIJZONDERE 'GARENS' ACCESSOIRES: andere materialen die voor de beschreven werkstukken zijn gebruikt, zoals touw, raffia, kralen en knopen, zijn alom verkrijgbaar bij ijzerhandels, tuincentra, hobbywinkels, en/of fournitureenhandels.

Dank aan een team bijzondere mensen, die ieder een unieke vaardigheid hebben bijgedragen, voor hun creativiteit, inspiratie, toewijding, geduld, enthousiasme, niet-aflatende steun en dat speciale artistieke 'oog'.

Ik dank met name **Kate Kirby, Susan Berry, Debbie Mole, John Heseltine, Stephen Sheard, Sally Harding, Sarah Phillips, Sally Lee, Hannah Davis, Wendy, Lyndsay en Kim van Rowan, en mijn dochter Bella** voor – nou ja, voor alles zo ongeveer!

Ook mijn warme dank aan al die naamloze vrouwen die hebben gebreid, genaaid en geschapen, wier werkstukken ik heb ontdekt op vlooienmarkten en rommelverkopen over de hele wereld, en wier liefde en ziel in elke vezel terug te vinden waren. Veel van die vrouwen hadden geen reguliere mogelijkheid om aandacht te krijgen voor hun werk, maar hielden gewoon van wat ze deden. Ze blijven een voortdurende bron van ideeën en inspiratie.

register

Cursieve pagina's verwijzen naar illustratiebijschriften